사막에 모를 심다

김사헌 제3시집

사막에 모를 심다

초판1쇄 발행 2025년 10월 30일

지은이 김사헌
펴낸이 이길안
펴낸곳 세종출판사

주소 부산광역시 중구 흑교로 71번길 12 (보수동2가)
전화 463−5898, 253−2213~5
팩스 248−4880
전자우편 sjpl5898@daum.net
출판등록 제02-01-96

ISBN 979−11−5979−819−1 03810

정가 12,000원

ΛΛΙ 한국예술인복지재단
KOREAN ARTISTS WELFARE FOUNDATION
이번 작품을 창작하는 데는 한국예술인복지재단 2025년도 디딤돌 창작기금지원을 받았습니다.

사막에 모를 심다

김사헌 제3시집

세종출판사

시인의 말

이 손바닥에 상처를 남기고
나무뿌리는 잘못 든 길이라고 발목을 걸었다.
달빛마저 길 잃은 숲에서
바람이 이끄는 대로 발걸음을 옮기자
손에 잡히는 나뭇가지가 이정표가 되었다.
그렇게 무작정 걷다보니
햇살이 조금씩 길을 열어주고
손에 잡힌 넝쿨에 다래 꽃이 피었다.
지나온 길, 잡초들도 제 이름에 귀를 세우고
꽃을 피우고 있다.
없는 길도 걸어가면 길이 되었다.
이 시집도 내가 걸어온 또 하나의 길이다.

차례

제2부 사진첩

제3부 흔적

제4부 시간을 되돌리다

제1부
바다의 언어

농籠바위

바다에 구름 내려앉으면
물고기들 깊은 바다로 몸을 숨기고
오랜 세월 물러설 데 없는 벼랑 끝에서도
삼 단 農籠 굳게 지킨 이기대二妓臺 망부석

팔천만 년 비바람에 새겨진 상처,
허기진 바다 지키느라 허리 꼿꼿해진
해파랑 십리길 농바위
여린 발부리로 벼랑 깊이 내리고 있다
광안대교 늘 크게 지켜 서 있다

바닷길에 서다

떠도는 길 하나
수평선 끝에 머물고 싶다
티끌 구름 한 점 없는 하늘 아래
모선母船을 떠난 거룻배
수평선을 안고 나아갈 때
몰려온 먹구름이 수평선을 삼킨다

뒤꿈치 들어 키를 높인 파도가
바람에 떠밀려 앞 파도 등을 민다
돌아갈 길 묻는 갈매기
굵어지는 빗줄기에 길을 막아선다
파도 목덜미 붙들고 몸부림을 쳐보지만
물결 스칠 때마다
살점 떨어진 자리마다 티눈 꽃이다

노를 젓던 기력은 뱃전에 몸을 묶었다
비로소 파도가 숨을 고르자
물결이 다가와 길을 꺼낸다
때로는 파도를 타야 넘을 수 있다고

따가운 햇살이 눈을 부른다
길손이 작은 포구에 닿아
떠밀려 온 길, 이정표 하나 세운다
아직 닿지 못한 수평선이 가슴을 연다

소금꽃 피우다

바다를 업고 걸음마를 배웠다
지도에 숨은 바다
파도에 밀리는, 발자국 닳은 갯벌
소금밭을 일구며 바다를 건넜다
미지를 향하는 항해는
쉼 없이 밀려드는 해일을 넘으며
물을 소금으로 바꾸었다
땡볕 살에 익어가는 바다
숨겨둔 소금꽃을 꺼낸다
회색 갯벌에서 콧노래를 부르고
젖은 소금은 내리쬐는 햇살,
마른하늘에 무지개를 띄운다
날개가 솟구치던 소금꽃
등을 떠난 날부터 바다는
그늘에다 소금꽃을 피운다

언어를 찾다

허공에 그물을 던진다
눈앞을 날아다니는 새를 향해
그물을 펼치지만 걸려드는 건
바람이 남긴 마른 낙엽뿐이다

골짜기 시냇물에 낚싯대 드리우고
지느러미 흔드는 물고기를 향해
시간을 던져보지만 걸리는 건
잡초 가득 문 이끼뿐이다

호숫가에서 은빛 물결을 붙들고
파문이 뱉는 말에 귀 기울이다
다급한 노을에 쫓기기도 하지만
물속 깊이 몸을 숨긴 내 언어는
그림자마저 감추어 버린 물고기

대문 열어둔 넓은 정원
파랑새 둥지엔 낙엽만 드나들고
은어를 부르는 백지 위엔 이끼만 가득
벌거벗은 팽나무에 걸린 바람이
노을을 붙들고 춤춘다

흔들리는 몸짓

마을 경로위안잔치에
고래가 허공을 난다
심해를 넘나드는 돌고래 춤사위에
고개 내려놓은 사람들
꼬리를 더듬어 보지만
물고기도 아니다

돌고래도 저만의 몸짓이 있다
오랜 시간 심해를 오르내리며
단련된 허파와 지느러미로 비로소
바다를 얻을 수 있다

낯선 길에서 늘 걸음이 흔들린다
앞만 보고 걷느라
벚나무 꽃망울 터뜨리는 것도 보지 못하고
이젠 걸음을 묶어
풀잎 입맞춤하는 이슬 눈에 맞추리라

눈물 2

한 방울 피가 간절할 때가 있다
누구에게는 아픔으로 닿겠지만
누구에게는 피 한 방울이 푸른 불꽃으로
꺼져가는 등불을 살리는 기도가 된다

검은 바람이 몰고 온 사막
핏줄 흐르던 물길을 삼켜버리고
마른 샘은 장마에도 길을 열지 않는다
신기루마저 지워버린 검은 사막

한 방울 피를 찾아 떠도는 천 리 길은
철새가 물고 온 주소불명 푸른 편지에
모래언덕 옆집이고 오아시스는 풍선이다
모래바람에 떠밀리는 나침판 없는 난파선이다

젖어 있는 이여
사막에는 모든 슬픔을 떠안고 싶은 사람이 있다
통곡에도 길을 열지 않는 그 마른 눈에
이슬 한 방울 고일 수 있다면
더운 피가 굳어가는 아픔도 노래가 되리라

굴레

낙엽 구르는 소리마저 잠든 시간
밀어낼수록 더 일어나는 생각
적막이 짓누르는 발걸음, 불면으로 이끈다

세 차례 수술칼이 남긴 그림자로
천형처럼 짊어진 이십 년을 내던지고
영도 앞바다에 식솔의 눈물 묻었다

잠깐 스쳤던 무지갯빛 하늘이
밀물처럼 달려드는 고지서 앞에
먹구름 태풍으로 날 세웠을 때
남편과 아비의 굴레를 벗어던지고
바닷바람 따라 떠돌고 싶었다
뒹굴었던 불면의 밤에겐
벼랑 끝 물음표를 수시로 던지곤 했다

다시는 눈뜨지 않으리라 붙든 잠
그때
꿈결처럼 들리던 말 한마디,

"그냥 곁에만 있어 주세요"

다대포 하늘 빛나는 아침
꼭 잡은 두 손 위로 무지개
크게 뜬다

어긋난 눈빛

돌아보지 못한 시선은 벽이다
내가 너를 바라볼 때
너는 등으로 만나고
네가 나를 바라볼 때
나는 차가운 안개를 부르곤 한다

등 돌린 눈동자는 강물로 깊어져
벚꽃잎 떨어지고 맨몸으로 섰을 때
비로소 풀어낸 눈빛,
화살 꽂힌 네 심장을 본다

눈빛 마주칠 때마다
불꽃으로 타오르는 가슴이
산을 삼키고 강을 태워도
바다 위에 바위섬이 되었다
아직 등 돌린 채,
심장을 태우는 두 눈빛이 시리도록 뜨겁다

서로 바라보면서 비켜 간 눈빛
가늠하지 못한 강물이 벽이 되고

서쪽으로 몸을 숨긴 너를 찾아
노을은 밤이슬 태우며
아픈 눈을 깨워 바다를 건넌다

절정에서

나는 오늘도 바다를 빌어 술을 노래하고
솟구치는 파도 끝 금빛 물고기를 순식간에 낚아채
고정되지 않은 낡은 캔버스 위에 그대로 물들이고

때로는 바위벽에 부딪치고,
부딪치고 퍼지기를 수없이 반복하는
숨찬 소리들 앞에 멍청히 서 있다가

바닷모래 펼쳐있는 상상을 푹푹 걷다가, 걷다가, 걷다가
하루를 몽땅 잃었다가

드디어 금정산정 능선 위에 홀로만 크게 누워
연필도 없이 종이도 없이
이런들어떠하리저런들어떠하리만수산드렁
칡이얽혀진들어떠하리
일필휘지 하늘과 구름 틈에 휙휙휙 갈겨 놓고
얼른 산 아래로 뛰쳐내려와

다시 펜을 들어 시 한 수 짓는
이제는 순수해진 나이 든 나의 과거에게 고백하노니,

돌아보니 나
숨 가쁘게 걸어왔던
옛날 춥고 어두웠던 스승 같은 길을 경배하노니,

나 지금이 최고의 경지라
일흔 청춘에 펜 하나 달랑 들고
바다와 능선과 하늘을 넘나드는
이 좋은 호사를 누리고 있나니

바다가 아프다

물결로 오는 바다가 아프다
밀물이 끌고 온 모래알
바삐 달아난 썰물 손을 놓고
한 뼘 한 뼘 이룬 백사장
파도를 밀어내고 솔숲을 이루었다

썰물에 휩쓸리지 못한 모래알
맞잡은 손끼리 서로를 다독이며
어깨 펼쳐 바다를 품는다
굶주린 마른 몸들이 백사장을 이루고
뭍이 된 바다에는 나무들이 산다

뭍에 물린 썰물, 바다가 아프다
소리 없이 몸집 키우는 땅 그림자
하구언에 걸린 물결
젖은 날개 물비늘만 퍼덕인다
넓어지는 모래언덕 높이만큼 바다가 아프다
날개 마른 아지랑이 하늘길 아득하다

손안의 섬

다대포행 지하철이 파도소리로 출렁인다
높게 울타리를 친 섬들
파도에 씻긴 눈동자가 붉다
손가락이 일으킨 물결
소리 없는 파도가 섬을 흔든다
낮고 깊은 액정 벽
소리로 가는 귀를 막고
말은 바람 되어 흩어진다

한 뼘 거리, 수심이 깊다
유람선 없는 포구엔
일인용 요트만 호출을 기다릴 뿐
파도에 씻긴 말이
몽돌로 자그락거린다
손바닥 물결에 갇힌 섬
귀를 찾는 파도는 높고
목소리가 마른다

이름을 지우며

움켜쥔 손 펼치니 찬바람이 분다
목 아프게 부르며 기다렸지만
메아리조차 없는 그대를
이제는 가슴에서 내보내기로 한다

회색 숲에서 떠밀린 그대와 나
그림자로 푸른 날을 함께 노래했다
손잡고 가는 길이라면 마흔 해
사막도 숲도 가벼웠던 걸음이다

시샘하는 바람이 불어
그대 사이를 바다로 채웠다
회색 숲으로 떠밀린 그대는
불빛 먹고 사는 불나비로
나는 무인도에서
풀잎 끝에 방아깨비가 되었다

그래도 오가는 철새들이
가끔은 안부를 전해주기도 하는데
소리 끊긴 이십 년 바람이 너무 차갑다
가슴에 음각으로 깊이 새긴 이름
잦은 비에 젖어 점점 흐릿해진다

뿌리 없는 햇살

햇살이 사하라를 더듬는다
지열地熱에 가려진 해의 눈
촛점 흩뜨리는 자욱한 모래 폭풍
하늘 향한 욕망이 만든 사막
햇살이 길을 잃는다

사람들이 산을 무너뜨리고 바다를 지운다
숲이 무덤 속이고 바다가 사막을 낳는다
그늘 버린 바람은 쉴 자리가 없다
지워진 적도 경계 위에 방황하는 햇살
둥지 뺏긴 빙하가 햇살 안고 분신焚身한다

떠밀리는 햇살 성난 눈빛이
지구를 불사른다
출구 없는 숲, 새들도 날개를 접고
마른나무 더듬는 매미 목이 탄다
한낮 빈 도시는 한숨 소리 뜨겁지만
멈출 줄 모르는 실외기에 해가 화상을 앓는다

뿌리도 없는 불햇살이 지붕을 태운다

아버지 첫 눈물

바위에 눈물이 흐른다
손끝에서도 느낄 수 없는 체온
눈으로 푸른 빛이 흘러
마주치기조차 두려운 얼굴
등만 보고 다녔다

부산항 제2부두
월남으로 파병되는 형에게 손 흔들다,
등 돌린 바위에 맺힌 이슬을 보았다
저녁이면 들어서는 취한 걸음
늘 회초리가 되는 아버지 손

흔들리는 바위, 다가갈 수 없었다
얼음 눈동자에 이슬이 맺히다니
바위에 흐르는 더운 피를 보았다
찬바람 드는 울타리와
채워줄 수 없는 허기는
체온을 삼키는 그늘이었다

늘 빙점을 간직하던 바위
밤잠 설쳐 얻는 이슬로 이끼를 키우고
늘 고픈 햇살로 둥지 지키느라
온기 빠지는 걸 돌아보지 못했다
바위에 비친 눈물 한 방울,
가슴에 화상을 입는다

노을

잉걸불로 타오른 석양이
　갈대숲을 태우고
　　낙동강을,
　　　다대포 바다마저 삼킨다

그 불, 내 안에 담는다
　　쉿!

노을 앞에서

기진한 석양이 던진 불꽃
강 끝을 태우고 서산을 넘는다

여명으로 어둠을 물리치고
지상을 쓰다듬느라 쉼 없이 흘린 땀방울
쫓기는 걸음에도 남은 기력마저 불사른다

푸른 키를 높일 때 꺾여버린 꽃대
꽃 피울 꿈을 짙은 어둠 속에 묻고
방황 끝에 찾은 다대포 백사장
노을은 뜨거운 눈빛으로 나를 품는다

작은 모래알, 풀씨 하나까지도
바람을 붙들고 일어서야만
햇살 눈길 받을 수 있다는 걸 안다

노을을 향해 허리 일으킨 꽃대
햇살이 내민 손,
황혼녘에 꽃을 피운다

흔들리는 길

길은 늘 갈림길이다

울타리 없는 숲에서 남자가 새소리를 좇는다
허공을 붙들고 선 여자가 바라본다
어긋난 시선이 마주칠 때
높아진 소프라노로 밤이 소박맞는다

바람을 품고 가출하는 남자
밤은 우주다 길 잃은 별도 둥지 찾아드는데
별똥별에 사는 여인이 눈을 감는다

술래잡기하듯 찾아든 게르에서
밤은 하얗게 다가와 이슬 품은 들꽃을 부추긴다
뜬눈으로 보낸 밤
해장국이 왜 싸늘한 걸까

승강기에 매달리는 여자는
날개도 없이 허공을 향해 두 팔 벌리고
숲속 시냇물 소리에 취한 남자는
가슴에 바다를 펼쳐놓고 나룻배만 수선하고 있다

갈림길에서 부딪치는 눈빛은 늘 차갑지만
서로 낮은 숨소리로
함께 가는 길을 지탱하는 건
흐르는 강물이 이룬 버팀줄이다

낮별을 찾아서

등불이 꺼지면 피어나는 숨결
먼지 속 책장을 헤치고 솟아난 빛이
어둠을 밀어내고 은하를 펼친다
눈썹 끝에 내려앉은 기호의 별들이 안개 속에
흩뿌린 자음을 더듬는다

낮에는 감춰졌던 별들이 고요한 방 안을 유영하며
물고기가 되었다가 새가 되고, 꽃 피었다
열매 맺으며 하늘과 바다를 창조한다

꼬리를 흔드는 황금 물고기를 좇아
밤새 그물을 던져 보지만
손에 쥐는 건 비린 어둠뿐, 이따금 빛의 비늘이
떨릴 때에도 등불이 켜지는 순간
그림자는 사라진다

밤하늘의 별이 되려면 자신을 태워 빛을 품어야 하고
바다를 물들이는 저 거대한 일출도
깊은 어둠 속에서 불씨를 키운다

어둠이 밀어 올린 별들의 언어
하늘에 닿지 못한 낮의 고백, 나는 오늘도
이 모든 우주의 말들을 공손히 잡고 있다가
한 톨 한 톨 끼워 넣는다
정교한 틀 안에서 흔들리지 않도록, 새어 나가지
못하도록, 다른 말이 들어오지 못하도록!

숙명이다
낮별을 찾는 일, 시인의 길은
끝없이 허황을 증명해야 하는

섬이 되다

등짐으로 휘청거리는 걸음
안개에 가린 금정산 오솔길
한 치 앞이 멀어질 때
나는 무인도가 된다

쉼 없는 남빛 수다에 귀 맡기고
먼 길 가는 새들에게 쉼터 나누고
바람 노래에 장단 맞추는 바위섬이다

물너울로 울 두른 섬
순한 너울이 거칠어지면
바람은 오래된 느티나무 뿌리마저 탐내고
새들마저 잠들면
귀 없고 입 없는 어둠
오직 동쪽 바다 붉어지기만 기다릴 뿐이다

섬은
철새, 바람, 성난 파도마저도
식솔로 품어야 한다
손 내미는 모두를 껴안아 주면서
뒤돌아보지 않는 바위가 된다

제2부

사진첩

내 안의 산천어

폭설에 갇힌 44번국도 제설작업 후
*북천 개울가에서 모닥불로 라면을 끓인다
나뭇가지에 핀 눈꽃에 취해
그림 한 폭 가슴에 그리는데
지나가다 날아든 백로 한 마리
던져준 면발은 외면한 채
얼음 강을 두드리는 부리가 아프다
열리지 않는 창을 붙들고 길을 묻지만
얼음장 우는 소리만 요란할 뿐
산천어들은 그림자마저 숨긴다

꽃망울 터뜨릴 무렵
시샘으로 찾아든 칼바람은
내 가슴 속 흐르던 강에
가늠할 수 없는 우윳빛 철판이 된다
허기진 백로가 된 나는 날개를 접고
얼음장을 바라보며 물길 알려줄
산천어를 애타게 기다려보지만
뜨겁게 오르내리던
버들치마저 그림자를 지운다

*북천: 미시령에서 용대리 쪽으로 흐르는 하천

검은 상처

리듬 잃은 숨결에 구름 한 점 띄운다
마른 가슴에 불씨 하나
아흐레 동안 푸른 산을 검게 덧칠한다

진달래 타오르는 사월 산
꽃은 멀고 인간이 버린 불꽃 하나가
천년 용을 건드렸을까
여의주 놓은 붉은 혀가
푸른 산을 감추고 집을 삼키며
산사마저 짓밟고
천오백 년 기원도 재로 남긴다

검은 상처로 얼룩진 산, 새살 차기까지
나무뿌리들 갈증은 얼마나 깊어질까

뜻 없는 말 한마디가 쌓은 성도
오랜 강물로도 허물지 못하는데
혀 스쳐 간 흔적은 언제쯤 감추려나
봄비 간절한 산, 붉은 울음이 높다

틈새로 피는 봄

돌 틈 헤쳐 나온 멍든 제비꽃
햇살은 긴 아픈 멍울을 안고 왔다

첫눈 뜨고 보니 온통 어둠뿐
한 치 앞은 안개다
실핏줄로 찾아드는 빛은
하늘로 통하는 길인 줄 알았다
손 내밀고 날개 퍼덕여도
목마른 사막 신기루일 뿐

이슬 한 방울 얻기 위해
새벽을 먼저 기다리고
실낱 틈새로 키 높이고 입술 내밀어야 한다
눈꺼풀 깨우는 몸부림이
허공을 붙들고 햇살을 부른다

닿지 못할 것 같은 먼먼 햇살
어둡고 긴 좁은 틈새에서
숨결 지탱을 위한 몸부림이
바람을 안고 숲을 노래할 때
틈새로 내린 하늘
푸른 제비꽃 피워 올린다

푸른 물방울

숲속 젖은 길을 간다

물방울 소리 스친 자리마다 어둠이 가신다
먹구름 몰고 온 바람이 비를 부르고
젖은 걸음은 교회당 십자가에 매달린다

자전거 바퀴로 포항 지도를 펼치고
노란 미소로 늘 주위를 밝히던 여인
난데없이 찾아든 휘귀병 반년에
강물은 마른 모래 주름만 늘였다

하늘이 가깝던 얼굴
새벽 기도에 비를 내린다
바위를 뚫고 핀 풀꽃처럼
말문 열었다는 꽃소식에 열린 길
고속도로 차창에 맺히는 빗방울에
묵주를 엮어 무지개를 띄운다

해 뜰 날 기약 없지만
휠체어에 비치는 작은 물방울
잿빛 하늘에서 푸른 날개를 본다

집 떠난 시계

뻐꾸기가 새벽을 안고 사라졌다
마른 울음이 귀에 거슬리지만
한 둥지에서 살아온 날이 어둡다
길을 묶어버리는 얼굴,
늘 사슬에서 벗어날 꿈을 꾸면서도
자주 보아야만 길이 보였다

울음 따라 달려온 길
그림자 돌아볼 겨를도 없이
급류로 떠밀린 강에 노을이 숨었지만
무지개는 뜨지 않았다
모래더미 속에 발자국을 묻으면서
멀리 날아간 뻐꾸기가 집을 버렸다

새벽을 데리고 사라진 새를 찾아
늙은 공원을 배회하는데
비둘기들이 몰려와 노래하며 맴돈다
허기가 길을 묻는다

벼랑 끝 파랑새

– 흑백 사진

부리에 낡은 수첩을 물고
파랑새는 날아든다
하얀 철조망을 헤집고
일어서는 날개 꺾인 새
층층한 사구砂丘를 걷어내며
숨죽였던 아침을 다시 깨운다

해안가, 벼랑 끝 둥지
일용할 양식을 좇아
수없이 오르내린 비상
한순간 벼랑에 부딪힌 날개가
하늘을 버려야만 했다

더이상 날 수 없는 새는
모래 무덤 속 무지렁이가 되었다
목덜미를 노리는 날카로운 부리와
들짐승 발톱에 몸을 숨겨야 했다
마른 땅을 밀어내고 젖은 풀밭을 찾는
슬픈 가슴은 늘 춥고 시렸다

일만 팔천 밤을 기고 또 기어
마침내 찾아 오른 둥지
밝은 햇살, 꺾인 날개 펼쳐
더 깊고 먼 하늘은
파랑새를 끝없이 품어 주었다

붉은 찰나

신호등을 무시했더니
집에 빨간색이 따라왔다

모바일 범칙금 고지서라고
생각 없이 터치한 링크
순간 핸드폰이 어둠 속으로 빨려든다

자동이체가 길을 잃고
빨간 화살도 표적을 잃은 채
눈빛만 종일 멍든 채 표류 중이다

가슴 속 온도는 허용치 넘은 지 오래
머리는 머리대로 손발은 손발대로
자리를 찾지 못하고 갈지자로 춤만 춘다
밤이 되어서야
손에 든 새 얼굴이 비싼 청구서를 내민다

보이지 않는 눈빛이 나를 노리고 있다
이름도 버리고 생일도 버리고
낯선 부호로 다시 태어나야 한다

찔레꽃

담장에 넝쿨장미 춤사위에
부름 없이 끼어든 하얀 찔레꽃
분홍 가슴에 담은 향기 눈부시다

바람과 놀다 길 잃은 발자국
가시도 품고 있어
꽃봉오리 맺힐 때까지 한 핏줄로 살았다
햇살에 눈 맞추며 어깨 벌려 담장 지켰다

꽃 피면서 다른 얼굴을 알았다
작은 꽃잎, 가는 줄기와
이파리가 늘 어깨 움츠리게 하지만
이따금 꿀을 물고 오는 벌이 위로가 되었다
속울음 삼키며 키운 향, 단단한 뿌리를 내렸다

장미꽃 얼굴로 오월을 불사를 때
허기진 꽃잎 펼쳐 벌이랑 함께 놀았다
소리 없이 피었다가 바람으로 흩어지긴 싫어
가슴 속 토해낸 향기가 짙어진다

찔레밭에 핀 장미

향기에 눈마저 길을 잃는
찔레꽃밭 흰노랑 바람이
꽃소식 멀기만 했던 그 겨울 기억을 일으킨다

노란 단무지 김밥 두 줄 달랑 들고
젖먹이 첫딸 함께 했던 봄나들이 길
그 길이
오로지 걷기만 하는 왕복 삼십 리 고된 길이어도,
한겨울
파고드는 문풍지 바람 차가워도
단칸방 비탈진 신혼의 하늘은
늘 노랑 빨강 부풀어 있는 풍선빛이었다

사는 일이 온통 가시덤불이지만
서로 다른 꽃으로 만나
지지 않는 계절 꽃으로
당신과 나 아직 피어 있고
그 길 위에 우린 또 이렇게 기대어 있다

바람 가끔 불면
가난한 찔레꽃향 기억 앞에
오늘처럼
잠시 멈추어 있는 것도 괜찮겠다
오로지 걷기만 하는 길을 만나는 것도 꽤 괜찮겠다

보리 장마

목이 긴 유월 장마
자다 깨면 밤이 숨는다
햇살 깊은 황금보리는 밭을 끌어와
안방에 누워 온기를 더듬고
식구들은 까끄라기 텃새에 칼잠을 잔다

뒷산 그리운 누렁이는
꼬리로 등 때리며 울음으로 보채고
아이들은 골방에서 심패때리기
화투놀이로 밥때만 기다린다

대청마루 기둥을 지키는 소쿠리엔
식구들 저녁밥이 될 삶은 보리가
이따금 어린 허기를 유혹해
고추장과 범벅이 되기도 한다

대문 앞
식이네 감자밭과 희야네 수박밭은
아이들 장난질을 부채질하고
가슴에 콩닥 불을 지피기도 하지만
지서엔 도난신고 단 한 건 없다

뉘 집 아들이냐는 말이 회초리이고
꿀밤 한 대가 판사였다
장마철이면 개구쟁이들이 빗방울로 걸어온다

사랑초

아침 햇살로 깨어나
밤이면 이슬에 젖는다

그대 눈빛 속에서 울고 웃는
내 이름은 솜사탕

빈손

홍계리 마을 맑은 개울 버들치
두 손으로 한나절을 건져 올리지만
손안에는 모래뿐이다

물고기 쫓아 흘러온 칠십 리 길
그물도 낚싯대도 없는 맨손 고기잡이는
늘 헛손질로 배고픈데
아이가 나뭇가지 꺾어 물고기를 몰아준다

맨몸으로 뛰어든 거친 물줄기
통발 하나 남기지 않은 아버지를
빈 낚싯대 밑밥으로 던지면
아이는 한 올 한 올 그물을 엮어
내가 놓친 물고기 건져 올린다

아비 떠나 잿빛 숲으로 간 아이
산 노을 붉게 물들 무렵
잿빛 강에서 건진 금빛 물고기
내 빈손에 올려준다
그늘진 얼굴에 아픈 웃음꽃이 핀다

금정산 솔향에 묻혀

박새가 창을 두드린다
창 너머 금정산 푸른 솔향이다
심호흡이 열어놓은 가슴

고라니 발자국 앞서간 약수터에서
새벽을 깨우는 쌈박골 계곡 물소리가
금정산 사계를 연주한다

신발 벗기는 편백 숲길
한여름 땡볕살도 쉬어가고
뜨거운 붉고 노란 수다로
갈바람에 나뭇잎은 바쁜 걸음 붙들고

흰 구름 놀다가는 고당봉
품에 든 길손 젖은 땀 닦아주며
발아래 엎드려 숨은 길 밝혀주는
울타리 없는 숲으로 간다

나, 금정산 자락에서
솔향으로 불어가리라

핸드폰 먹구름

까마귀가 물고 온 빨간 문자
핸드폰을 여는 순간 먹구름이다

소리마저 길 잃은 어둠
가늠할 수 없는 벽은 상처를 키웠다

눈과 귀를 닫아버린 잔고는
커피 한 잔 마실 여유도 베풀지 않아
잉걸불로 달아오른 전광판에서
라면 하나 올려놓을 수 없었다
추락하는 파랑새를 보고도
눈만 태울 뿐 손 한번 내밀지 못했다

빵 한 조각, 물 한 모금도 그리웠던 하루
해 질 녘, 얼굴 바꾼 폰으로
다시 찾은 햇살
놓친 파랑새가 눈앞을 맴돌며
창공을 향해 날갯짓하고 있다

햇살 벽

달이 저물어도 꽃은 피지 않았다
유월이면 창을 두드리던 나리꽃
올해는 꽃망울마저 잊어버렸다

붉은 자태에 끌려 입양한 나리꽃
함께 한 오 년, 늘어난 식솔
지난해는 열 송이 꽃으로
온 동네 눈과 귀를 뜨겁게 달구었다

무성했던 새싹에 대한 푸른 꿈은
계절이 깊어 갈수록 메마른 허기로 찾아왔다
이슬 한 방울도 나누던 우애는 불어난 몸집,
갈증 난 자리다툼으로 달을 물고 가버렸다

벗어나지 못한 단칸방에 늘어난 입들
사랑은 햇살과 이슬로 벽을 쌓았다
탯줄 끊어진 씨방은 허기진 꽃대를 세우고
마른 목으로 소리쳐 보지만 뿌리는 귀가 없다
유월이 저물도록 꽃망울 맺어보지 못한 나리꽃

칼잠으로 지새던 밤, 반짝 눈에 든 별빛
비좁은 둥지는 벗어나야 할 어두운 사막이다
햇살 고픈 잎, 길 잃은 꽃들의 아우성
초원을 향한 몸부림이 꽃망울을 지웠다

문을 닫고

붉은 완장이 문을 굳게 닫았다
묶인 발은 창틈 햇살을 부여잡고
안개로 거듭하는 변신
문고리를 끌러보지만 안갯속이다

허락된 방 한 칸
길어진 밤과 시간의 넉넉함으로
주어진 공간만큼 자유가 춤춘다
허공을 향해 날개를 펴고
유토피아를 향한 유영을 거듭한다

한 줌 햇살이 안겨주는 출구는
오직 하나,
닫힌 문 열려 빛을 향한 내 걸음이
사흘 밤낮을 걷고 또 걸어
쓰러진 그림자를 다시 일으키고 싶을 뿐

*오미크론 확진 후 생활치료지원센터에서

60

동해를 품다

오래된 사진첩에서 나를 찾아본다
숲에서 일어서는 그림자 하나
안갯속 푸른 제복이 일어선다

송아지로 연화산을 떠돌던 열 살
치술령 해 오름을 보며 동해를 품었고
밤이면 고래가 되어 태평양을 누볐다

물결로 온 사춘기는 바다를 밀어내고
회색 숲을 떠도는 새가 되어
더 멀리 창공을 향해 날갯짓했다

오르고 싶은 만큼 꿈이 깊었다
예고 없는 폭풍우에 부러진 날개는
하늘을 가슴에 묻고, 숨어든 깊은 골목

아득한 어둠 속 들려오는 소리
숨죽인 고개 들어 바라본 하늘
내 별이 반짝, 길을 밝힌다

계단을 오르다

문 앞에 이르렀을 때
새소리가 물고 온 부음이 걸음을 세운다
아래로 향한 눈동자를 지운 채
오르기만 했던 동기생
승강기 추락으로 하늘로 날았다
외줄에 걸린 고속주행이 멈추었다
돌아보는 계단
흠뻑 젖은 등이 날개를 펼친다

빠름과 느림 앞에 서서 기다린다
수직은 늘 걸음을 묶는다
구름에 닿은 눈길조차 외면하는
매일 눈에 닿는 낯선 얼굴들이
검은 벽으로 다가온다
숨소리 재운 발자국들이
하강의 속도를 숨기려는 듯
휴대폰에 시선을 묶어 둔다

승강기 빠름을 버리고
이십오 층 계단을 오른다

돌아보는 지상이 흔들리고
오르는 걸음은 단단한 느림이다
가쁜 숨소리 달래듯
발아래 엎드린 편백 나무 우듬지
박새가 끌고 온 앞산 능선
내려다보는 시선은
구름 날개가 허공을 난다

가락지

손가락이 삼십 년을 울었다
백년약속은 쉽게 돌아서서
허기로 옷을 갈아입는다
강물 몇 굽이 돌다 보면
손가락에도 굳은살이 붙어
조여오는 굴레를 아픔으로 견디고
돌아서는 눈시울을 달랬다

강물 한 굽이 돌 때마다
그늘진 손가락을 달래 보건만
깊은 강물 바닥 돌 틈에 새겨진
푸른 상처는 건져내지 못하는 불치다
바닥을 긁어 파헤쳐 봐도
찾을 수 없는 백년약속
아내 손가락 가슴에 녹슨 우주
별이 되어 눈을 찌른다

장미를 타다

흑백으로 간직해온 사진은
파도에 휩쓸리고
성산포 사흘은 등 돌린 채,
눈길 한번 닿지 않고
봄이 먼 얼음 강이 되었다

늦가을 어스름 무렵
낙엽마저 떠난 빈 나루터
달빛만 사공이 된 뱃전에 앉아
강물을 바라보고 있을 때
노를 건네준 사람

바람에 노를 맡기고
별빛을 이정표로 삼았다
마주 보면서 흔들리지 않은 별빛
느리게 어두운 강을 건너는 동안
눈빛은 강물을 깨우지 않았다
눈동자엔 느린 은하를 풀어놓아
멀미 없는 뱃전,
여명은 장미로 피었다

제3부

흔적

이력에 못을 치다

– 수정동 박씨

아비는 하늘에 못을 박아 집을 지었다
못은 꼽히지 않고 집을 높이 세웠다

아들이 내민 입사서류 가족란,
눈동자에 어둠이 내리고
눈물 먼저 빈칸을 채운다
아비가 지었던 집이 와르르 무너진다

멍든 못 자국 따라간 아버지 대신
오 남매 뒷바라지에 삐걱대던 맏이
새벽이슬 젖으며 망치 하나로 살아온 아비
가슴에 무지개가 대못으로 박힌다

아비는 톱과 망치만 있으면
집 한 채 거뜬히 세울 수 있다
전깃불 꺼지고 난방이 안 되면
제일 먼저 소리 높여 찾는 달동네 기둥이다

가뭄 끝에 내린 단비에 구멍 난 하늘
지붕은 밤새 몸 젖을 것 같다

구월 밤

지난밤 내린 비
구월을 데려다 놓았다
달력 한 장 떼고 떠나면서
노란 아픔을 견디던 잎들도
더 붉은 옷을 위하여
바람길 따라 그림자를 지운다

가을 안고 내린 구월 비
손 내미는 나무 단단히 붙들고
등 돌리는 잎 서슬 푸르게 보낸다
머뭇거리던 구름 떠나보낸 하늘은
가슴에 든 푸른 날개다

한 가지에서 햇살 어루만지며
뜨겁게 익어가는 잎들의 노래
가을바람이 신호등을 밝힌다
가야 할 때가 있다
뜨거우면 재만 남는다고
차가운 달이 귓불을 만진다

귀뚜리 울음에 하늘이 살찐다

가시꽃

문을 들어서는 모란꽃 한 송이
여린 미소로 붉게 만발했다
가시 끝에서 핀 꽃이다

하늘에 끌려 새가 되고
바이올린 선율에
하늘을 잊고 꽃 피는 줄 몰랐다

날 선 가시에 이끌린 여린 살의 춤
쏟아지는 졸음에 비틀거리고
젖은 눈은 바람에 주저앉고 싶었다
검은 손을 밀쳐낸 가시 끝 아픔
잎맥으로 다독여 꽃망울을 맺었다

가시 끝에 키운 꽃송이
향기 앞세우고 한 뜸씩 새긴 꽃잎
하늘 향해 펼칠 때
붉게 만발한 웃음 거실을 밝힌다

삼호다리

우리집 귀족 루이를 태우고
삼호다리를 지날 때마다
오래전 집 나간 황구가 차장에 비친다
루이도 아픈 목소리로 슬픔을 보탠다

발소리만으로도 식구를 알아보고
험한 밤길 앞장서던 길동무 황구
꼬리 애교로 품에 안기며
잠자면서도 낯선 걸음 쫓아내던 참한 문지기였다

어느 해 뜨거운 여름날 저녁
식솔들 평상에 둘러앉아
어머니가 끓여온 고깃국을 먹으며
너나없이
이 맛있는 고기가 어디서 나왔느냐며
흐르는 땀 훔치는데
당신 얼굴에 스친 젖은 그림자를 보았다

그 여름날 이후
집 나간 황구는 아직 돌아오지 않는다

이따금 보고 싶다고 하면
사람들은 무조건 좋은 곳으로 갔다고만 한다

개들이 하늘로 갔던 길 삼호다리 밑,
그 위를 달리는 차 안, 내 기억은
그해 여름날에 한없이 멈춰 있다

그리움의 주제가 무언지 모르는
오늘 같은 날 가끔 있다

*삼호다리: 울산광역시 울주군에 있는 다리

괭이밥

수영강 강변 산책로
햇살 업은 미소가 걸음을 묶는다
무성한 풀 틈에 핀 작은 노란 꽃

촘촘한 풀뿌리들 그물을 헤치고
짓누르던 돌멩이 잡고 허리 맡기며
허공을 향해 일으킨 얼굴이 꽃으론 그만이다

풀밭 이름도 없이
그냥 들풀인 줄만 알았던 괭이밥
눈 맞춘 햇살에 노란 미소 머금고
강둑 언저리 하늘 우러른다

다른 들풀들 텃새에 떠밀려도
이슬 한 방울 마른 땅에 뿌리 내린 허기는
여름 지나오며 동글동글 *빛나는 마음 된다
지지 않는 꽃이 된다

*빛나는 마음 : 괭이밥 꽃말

옹이꽃

원목 탁자 위에 핀 꽃 한 송이
꽃잎으로 찻잔을 불러 모은다
그늘을 벗고 핀 꽃이라
얼음에도 뜨거운 물에도
얼굴 바뀌지 않는 깊이 핀 꽃이다

수족 베인 아픈 자리에 흉터로 남아
갈증에도 숨죽여 이어온 질긴 숨결
작은 벌레가 무허가 집을 들였다
언젠가 들 햇살 기다리며
마른 수액 꽃술 삼아
시들지 않는 꽃을 가슴에 새겼다

탁자 위에 몸을 나투어
숨겨온 그림자로 꽃을 피웠다
타는 갈증으로 피운 꽃이라
얼음 속에서도 불꽃 속에서도
시들지 않는 꽃이다

파랑새 날개

내비게이션이 안내한 카페 '오계절'
연화산 마주한 치술령 자락이다
여명보다 내 눈이 먼저 뜨이던 곳
여덟 살에 잡은 누렁소 고삐는
내 단짝이면서 벗어나고픈 굴레였다

새벽을 밟고 일어서는 불꽃과 눈 맞추며
가슴 속 화로에 풀무질하곤 했다
허기로 오르는 산이 물린 나는,
허공을 향해 파랑새를 마구 날렸다

열두 살에 찾아든 회색 숲
손 내밀면 잡힐 것 같은 무지개를 좇아
밤이슬 맞으며 서리 내리는 줄 몰랐지만
발 닿는 곳이 늪이고, 밀림이며
산짐승만 울부짖었고 길은 보이지 않았다

소고삐 잡고 살아온 호야는
연화산 자락에 스무 마리 송아지 울음 풀어놓았는데
아파트 한 채에 머물러 있는 내 파랑새
구름에 닿지 못한 채 꺾여버린 날개
하늘은 구름 한 점 없다

숲길을 깨우다

지도 밖에 있는 길을 걷는다
숲을 헤치는 걸음에 길이 일어선다

얼굴 붉힌 뻐꾹채가 고개 숙이고
누리장나무도 하얀 드레스로 반긴다
알지 못한 숲길이 발소리 따라 다가서고
꽃마다 이름표를 내민다

넓고 빠른 길,
검은 평지를 하얀 선만 믿고 달려왔다
정해진 숫자와 표지판에 이끌린 눈
여태 달려온 길이 가파르다

눈길 마주친 백선꽃 길을 막는다
이 산에서 무얼 아느냐
이름을 묻는 내가 부끄럽다

산중에 초막을 짓고 고라니 더불어
삼십 년쯤 살아봐야겠다

사막을 깨우다

눈물이 되고 싶다
한 방울 이슬로
마른 그대 눈 샘물이고 싶다
빗방울이 되어
어두운 그대 사막을 적시고 싶다

잦은 모래바람에 묻혀버린 오아시스는
물길을 놓치고 언덕만 높였다
때때로 일어섰다가 꼬리를 감추는
푸른 숲을 쫓아 떠돈 십수 년
신기루는 끝내 푸른 손 내밀지 않았다

어둠은 어둠이 밝힌다고
눈동자 키워 검은 숲을 헤매고
그림자 없는 아버지도 불러보았다
눈비 속 천릿길, 발품도 가볍기만 하지만
흔적마저 지운 샘은
실핏줄마저 허락하지 않았다

어쩌면 그대 마른 눈동자는
내일을 어둠으로 가린 채
끝없이 퍼내기만 했던 내가 만든 사막이다
점점 어둠이 깊어만 가는 그대 길
다시 푸른 숲으로 돌릴 수만 있다면
비가 되고 강물이 되어
그대 사막을 깨우고 싶다

사막에 모를 심다

푸른 사슬을 끊고 떠나니
안개의 무게가 어깨에 내려앉는다
길은 젖고 강은 침묵한다
그림자가 덮은 이정표
첫걸음은 허기 속에 흔들린다
그 허기를 밝히는 빛, 하나

손짓하는 아라비아의 모래밭
불도저는 하늘을 가르고
나는 사과나무를 심는다
소금기 머금은 모가 뿌리를 내린다

모래바람은 강물이 되고
벼꽃은 세 번 피고 지고
사막엔 오아시스가 들어선다
마른 땅에 물길이 트이고
황금 들녘이 바람에 일렁인다

태백산 깊은 암자
등불 아래 저울추를 깎는다

구멍 난 누더기들이 바늘을 찾고
바람에 흔들리는 창가의 풍경처럼
추는 기울어 고요를 깨운다

낡은 집 기둥이 내 손을 잡고
빈 쌀항아리는 허기를 웅크린다
노을은 돌아보지 않고 저문다
손 놓은 저울 위엔 먼지만 쌓이고
나는 외딴섬에서 낚싯대를 던진다
밤하늘에 걸려드는 별빛
사막을 건너온 기억의 조각들
그 별들로 벼 이삭을 묶는다

내 안의 사막에
작은 오아시스 하나, 피어오른다

마음의 거리

그림자가 사라졌다
밤이 깊어져도 비가 내려도
늘 곁을 지키던 그림자가
흔적을 지우고 사라졌다

숲을 보면 따라 보고
허공을 바라보면 덩달아 따라 보던,
세찬 비바람
험한 파도에도 흔들리지 않던,
세상 끝까지 한 몸
강물 흘러 바다가 되리라 믿었던 사람

달 밝은 구월 밤
귀뚜리 노래 따라 메아리마저 숨기고 사라졌다

숲에서 내가 나뭇잎 바라볼 때
그는 때아닌 금강송을 찾고 있었고
내가 강물을 바라볼 때
그는 물속 물고기를 찾고 있었다는 걸
떠난 후에야
눈길 닿는 곳 달랐다는 걸 알았다

함께하여서 더 가까워지는 기쁨보다
함께였는데 마음의 거리가 멀었던 아쉬움,
여운이 더 길다

수영강 왕버들

금정의 여름은
수영강 왕버들에 먼저 온다
그늘 키운 버드나무 아래 벤치가
매미들 합창 속에 빈자리가 뜸해진다

땡볕 불화살이 쏟아져 내려도
왕버들 그늘에는 서늘한 선풍기가
등줄기 타고 피는 소금꽃을 재운다

백 년을 지켜온 수영강 물소리
가지 뻗어 오지랖 그늘 넓히고
열 형제 버드나무는 숲을 꿈꾼다

봄눈 남 먼저 뜬 왕버들이 흘린 땀방울
밤새워 물관 열어 잎맥을 깨우고
수천 잎들은 밤이슬로 목을 축인다
버드나무 그늘에 여름이 먼저 쉰다

밥벌이

숲은 낯선 얼굴에 길을 숨기고
잘못 든 걸음은 빗장을 건다

오르내리기를 되풀이하는 산길
등 떠미는 해거름에 갇힌다

떨쳐내지 못한 갈증에 들인 발자국
지름길을 쫓다 이정표를 놓치고
낯선 숲에 갇혀 안개가 되었다

숲에서 길 찾기란
풀잎으로 허기를 숨길 줄 알아야 한다
소낙비와 땡볕살을 다투어야 하고
언 땅과 눈더미를 파헤치며
열매와 뿌리 찾느라
물웅덩이 한번 들여다볼 틈 없이
노을에 쫓기는 숨 가쁜 보행이다

지는 해 따라 돌아본 서쪽 산마을
붉은 회화나무에 모여든
낯익은 백로들이 바람 소리에 날갯짓하건만
다가서는 겨울이 길을 지운다

다슬기

처음 만난 빛이 빠른 물살이다
눈길 돌릴 틈 없는 여린 손으로
바위 붙들고 이끼와 자리 다투며
억척스럽게 키를 세운다

햇살 드는 창가 작은 어항
노리는 눈 없고 물살 잊으니
입만 열면 채워지는 포만감
쉼 없이 가쁜 숨소리 내는 초침은
그저 하품을 부르는 자장가일 뿐

날이 갈수록 눈은 좁아지고
물속은 날개를 부른다
힘찬 물줄기 무성한 이끼가 눈에 아롱거려
나들이를 시도해 보지만
느슨해진 발자국으로 넘을 수 없는 유리벽이다
아홉산 계곡 물소리를 부른다

못 자국

짧은 생활 빼낸 자리 그늘이 짙다
두터운 벽을 안고 흘린 눈물이다
어둠이 된 그림자는 뺄 수 없는 상처다

숨겨둔 제 살로 덧대보지만
한번 갈라선 이웃은 손사래로 등을 돌린다
덮을수록 멍울만 키우고 바다로 향한다

'그늘에서는 꽃을 피울 수 없다'
여린 가슴에 짙은 먹구름으로 드리워져
하늘은 천둥, 번개뿐인 줄만 알고
엎드린 채 바닥만 바라보고 살아가는 이웃이 있다

잘못 박은 못 하나 뺀 자리, 그늘이 짙다
수없이 메우고 새 옷으로 갈아입혀 보지만
가슴 속 상처, 멈출 줄 모르는 눈물
건드릴수록 더 큰 그늘로 벽을 삼킨다

우포에 들다

비 젖은 우포 둘레길을 걷는다
여인은 빗방울 머금은 사초 한 잎에도 걸음을 멈추고
늪을 흔들어 깨우는 새 발자국도 눈동자에 담는다

다가오는 어둠은 기도마저 등 돌리는 검은 장막이다
모래알 하나 스쳐 간 곳마다 사막이 되고
말라버린 오아시스, 태양을 밀어내고 달빛을 앗아간다

달빛 없는 길, 한 걸음이 늪이고 두 걸음이 갈대숲이다
울음소리는 맹수의 허기진 공복이고
손에 잡히는 건 가시덤불 속에서 입 벌린 신기루다

다시 열리지 않는 창이라면
살아 숨 쉬는 원시의 늪을 들이고
버들잎 붙든 이슬 한 방울, 방아깨비 한 마리 데려오고
미꾸라지 입에 문 따오기를 새겨 놓아
눈뜰 때마다 함께 날개 퍼덕이는 백로로 살고 싶다

눈을 떴을 때 햇살 대신 하현달이라도 볼 수 있다면
달빛에 사지포를 펼쳐놓고

눈을 감싼 안개가 비로 내리고
밤을 밝히는 물닭들의 울음소리가 기도였으면 좋겠다

천년 늪인 여자가 우포를 눈에 담을 때
사내는 늪을 깨우는 빗방울이다

억새 노래에

발길 드문 두구동 수영강 어귀에
날지 못하는 새들이 은빛 춤을 춘다
바람 노래에 신명난 춤사위는
나들이 가던 단풍도 주저앉힌다

잠 없는 바람결에 굳게 다져진 몸
쓰러지면 일어서기를 거듭하며
휘어짐이 가벼운 등뼈가 바람을 놀리고
기른 근육만큼 뿌리는 집을 넓힌다

아린 깃털 하나 얻기 위해
비바람 회초리에 시달린 꽃대
앙다문 입술로 부른 노래는
찢어지는 가슴, 온몸을 바치는 기도다
마른 눈물, 멍든 몸짓으로 새긴 날개
가을 새가 허공을 향해 날개를 편다

바람이 연주한 은빛 노래에
강물 소리도 덩달아 장단 맞추어
쫓기던 나뭇잎도 발걸음을 묶는다

모자 시계탑

하늘 보는 날, 낮달 쫓다 만난 벼락
먹구름 몰고 와 해와 달을 지웠다

검은 숲에 내린 진눈깨비
햇살 지우고 뿌리 움켜쥐었다

허기로 말라가는 초목들
밀림은 밀물로 온 황사 바람이
황무지를 끌어다 놓았다

사막은 전갈마저 떠나고
햇살과 바람만 드나들 뿐이고
눈길 떠난 물 마른 샘은 모래만 쌓여갔다

바람 찬 날, 이끌려 간 백화점
모델 수업 후 얻은 베레모

사막에 초막 하나 세우니
모래바람마저 비켜 가고
허기진 햇살도 피해 간다

외면당하던 눈빛에 스며든 햇살
어둠 깨운 자리에 시계탑 하나 불 밝힌다

61번 버스

오전 열 시,
쫓기는 걸음을 내려놓은 시침이 하품을 한다

천마산 허리를 돌아가는 61번 버스
승객은 물결이 두려운 이들이다
임산부석은 잃어버린 온기가 그립고
탁한 기침을 토하는 버스는 졸음 겹다

차가 멈춘 뒤에 내리라는 안내방송과
내리실 분은 미리 입구로 나오라는
서로의 등이 버팀목 되어주던
지난 체온을 불러낸다

미처 속도를 올리기도 전
바퀴를 붙잡는 정류소도 걸음이 늦었다
밤늦도록 소란하던 셋방들이 소문으로 남고
빈집 주인이 된 길고양이도 하품을 한다

고신의료원 앞 버스 정류소
남부민동 주춧돌이 흔들리는 걸음으로 내리고

병원에서 쏟아져 나온 날개들을 태운
버스가 해수기침을 토하며 멀어진다
천마산에 발목 잡힌 파랑새 서쪽 하늘 바라본다

등나무 그늘

팔월 땡볕살에 쫓겨 든 그늘
등나무 아래 평상이 낙원이다

햇살 눈을 가린 등나무 그늘
마파람이 달려와 품에 안긴다

한 뼘 푸른 그늘을 부르는
여린 덩굴손 간절한 손짓
얼마나 아픈 헛팔매질을 해댔을까

감은 눈에 고엽제 후유증으로
낮별이 된 형의 매운 미소

잡히지 않는 허공을 향해
제 손 꼬아 뼈 없는 허리를 곧추세웠다

그늘이 된다는 건
제 몸 오롯이 태우며 햇살과 다투는 일이다

제4부

시간을 되돌리다

스며든다는 것

대관령에서 소금절인 배추가 왔다
고랭지 비탈밭 폭풍우도 이겨내고
땡볕살에도 푸릇푸릇 살아 있었을 배추가
먼 길에 지쳤는지 풀이 죽어있다, 아니
잎 겹겹이 소금 스며 차분히 살아있다
맛을 보니 참 맛있게 절여졌다
하지만
바다 소금 단 한 번 만난 적 없고
뭍 생물 단 한 번 만난 적 없었다
처음은 서로에게 얼마나 쓰렸을까 갈증도 났을까
적절하게 뿌려지고 적절하게 버려지며
서로에게 스며들며 한 몸 되기까지 얼마나 어색했을까

부부의 인연으로 맺어지기 전까지
단 한 번 만난 적 없던 아내와 나
서로에게 스며들기 마흔 해 넘는 동안
얼마나 맛있게 절여졌을까
남들 보기 얼마큼 맛있게 익어 보일까

함께 고무장갑 벗어 씻으며 아내와 나
동시에 서로 눈맞춤으로 스며든다
동짓달 한밤처럼 올겨울 더 깊고 길면 좋겠다

길 잃은 별

눈 뜨고 찾아보는 네 이름을 찾아
계수나무에 밧줄을 걸어 두 손 모으고
별에는 허기진 눈동자를 심는다

인보 저수지 물 퍼내는 날
뻘밭을 드러낸 하늘에서
처음 본 허공을 날아오르는 메기
마을 사람들 환호 속에
숨은 긴 젖은 춤사위가 있다

가슴에 영산홍 붉은 꽃물 든
열일곱 소녀가 별을 물고 온 소낙비에
자궁에 여린 꽃씨 하나 심었다
떠도는 바람 소리에 이정표를 잃고
커지는 달을 품은 채
떠난 발자국, 어미는 노래가 찢어졌다

속을 드러낸 저수지,
어둠 속 걷던 소복은 보이지 않고
물고기들만 지느러미 날개 흔들며

허공을 솟아오른다
기도를 삼킨 희야 그림자는
더 깊은 뼬 속으로 이름을 숨긴다

낮 하늘에 별 하나 반짝 떠 있다

구름 초원

마른 잠에서 깨어나니 은하다
손 꼭 잡은 채
'깨어나서 고맙다'는
젖은 눈동자가 낯설기만 하다

별을 쫓고 양떼구름 몰고 다녔다
높은 산, 험한 고개 넘으면
빛 한줄기 손에 잡히리라 생각했다
가슴에 푸른 목장을 품고
실 미소마저 감추며 살았다

무거운 밤이 길을 숨기고
구름은 때때로 먹구름이 되어 비를 뿌렸다
네 번의 메스가 남긴 그림자
눈에서 별을 지우고 양떼를 풀어준 후
가슴에 넓은 초원을 들였다

햇살 몰고 오는 아침 새소리
풀꽃 이슬에도 눈 맞추고
가슴 여는 아이들 웃음소리에 눈을 뜬다
여인의 앙칼진 목소리에도
무지개 뜬 물방울을 노래한다

표류

눈 감으면 몰려오는 물방울들
보랏빛으로 허공을 흘러 다니고
검은 파도 위를 떠다니기도 한다
무지개로 떴다가
날개 펼친 파도로 길 없는 길을 간다

감은 눈에 내가 떠있다
한 방울 물로 떠돌다 들어선 숲속
마른 숨결 지키기 위해
벽오동나무 너른 잎에 손 내밀고
뿌리 깊은 나무, 젖은 발목에 매달린다

잡힐 듯 멀어지는 물방울
구름에서 파도로 다시 구름이 되었다가
무지개로 달아나는 보랏빛
물방울로 살아가는 일은
얼굴 숨기는 마술놀이다

눈 뜨면 달아나는 보랏빛 방울들
젖은 눈에 떠 있는 무지개를 좇아
마른 사막에서 옹달샘을 찾고 있다

무거운 낙엽

강서체육공원 느티나무 아래
나비가 마른 날개 퍼덕인다
굴레 벗은 날갯짓, 허공이 품는다
가지 끝이 지켜야 할 울타리이고
뿌리는 닿을 수 없는 꿈이다

품에 든 작은 숨결 지키기 위해
팔월 성난 햇살에 푸르게 멍들고
세찬 비바람에도 여린 가지 놓지 않았다
모진 계절에 붉게 타버린 잎
허공 속으로 떠나야 할 때라고
지난밤 이슬까지 다 털어주고
비워낸 몸, 바람을 업는다

날개를 하늘 향해 펼쳐보지만
핏기 잃은 날개는 한 뼘이 창공이다
허공도 낯선 얼굴엔 쉬 길을 내주지 않는다

손 닿을 듯 허공이 품 안인데
눈동자가 바위에 눌린다

맨살 드러낸 뿌리가 발목을 잡는다
종일 바닥만 뒹굴다 햇살 잃은 마른 잎
갈망하던 날개가 사슬이다

그늘의 파편

그늘진 자리에 쌀 항아리
햇살 밖으로 옮기다
돌아올 수 없는 몸이 되었다

비워지는 만큼 아픔으로 채워지고
늘 채움으로 무거워지던 쌀독
들어내지 못한 포만이 파편으로 날았다

그늘진 햇살 고픈 자리지만
드나드는 바가지에 웃음꽃 피어나고
가을 햇살도 부럽지 않았다

반백 년 지켜온 그 자리
낯선 손길 밀어내다
바닥마저 내주고 말았다

절반만 채웠더라면 맛난 햇살로
그늘진 속까지 따뜻해졌을걸
파편에 묻힌 쌀들이 햇살을 부른다

십 분 먼저

정각에 서 있는 분침을
2위에다 세운다
함께 걸을 수 없는 길
그녀와 눈빛 마주쳐서는 안된다
바삐 노을이 사라지는 6시
약속은 10분을 흘려보내고
자리가 나를 버렸다
앞서가는 십분 앞에 안도하며
모란꽃 한 송이 남겨둔 채
찻집을 떠났다
바람으로 광야를 떠돌 때
손 내민 여인, 등 떠밀었다
별빛마저 숨어버린 겨울 밤길
손잡고 가기엔 가슴이 시렸다
사과나무 한 그루 서 있기 어려운 땅,
언제 내리칠지 모르는 폭풍우
물살 거센 강을 수없이 건너야 하는 길
잡는 손 뿌리치고 나는
이슬 맺힌 분침 앞세우고 돌아섰다

낙엽에 기대다

12월 첫 아침 쌀쌀한 집 앞마당
뒹구는 붉은 이별들이 걸음을 묶는다
찬바람에 늦게 온 낙엽들이
끌어안듯
먼저 온 낙엽들을 덮어주는

─ 말없이 서로를 감싸 안는 저들의 기약 없는 이별에
따뜻해지는 이 느닷없음은 무엇인가

어제
"생활고로 부부 동반 자살,
두 아이 생명이 위태로워..."라며 지나는
TV 뉴스 자막문구에
으스스 추워 몸 떨었던 나는
왜
한동안
이미 나의 생은 끝자락에 접어들었노라
차가운 이별에만 몰두하였나

─ 저 낙엽들의 봉분에서 피어오르는 뜨거운 김에 데어
어쩔 줄 몰라 호들갑 떠는,

지금의 나는 얼마나 행복한가
이 이율배반은 또 무엇인가

따뜻한 찬바람 12월 하늘에서 눈이 떨어진다
낙엽들이 자꾸 내린다
나는
떨어진 낙엽들에 기대느라 스르르 앉는다
마당 한 켠 아직 뜨겁다

물수제비

더 짙은 어둠을 만나 빛이 되는 어둠

비명을 안고 날아든 돌덩이
꺾인 허리는 무지개를 지운다
길을 삼킨 어둠은 걸음마다
벽으로 막아서며 푸른 강물을 묶는다

중심 잃은 다리는 길을 버리고
밤하늘 별은 빛이 아니라 눈동자 이슬일 뿐이다
내미는 손, 잡을 손 하나 없는 표류는
내뱉는 숨길마저 거추장스러워
두 눈 감은 채 창을 닫았다

부전시장 나들이에서
느린 가슴으로 시장통을 누비는
두 다리 없는 사내가 부르는 노랫가락이
환한 등불로 어두운 길을 밝힌다
아직 남아있는 두 팔이
젖은 길을 헤쳐나가는 노라는 걸 알았다

실빛 하나 없던 긴 어둠 속
박씨가 걸어온 길은 밤길이 아니라
지레 눈을 감고 스스로 부른 어둠이었다
캄캄하던 길이 더 큰 어둠 앞에서
낮은 길에 가로등을 밝힌다

새 떠난 가슴에

빈 벌판 지키는 사시나무
바람이 남긴 구멍 난 가슴에
박새 한 마리 둥지 틀었다
나뭇가지 흔드는 철새에게
자리 내주고 비바람 막아주는 사이
바람 놀던 가슴에 새소리 익어가고
숨결 멈춘 자리가 뜨겁다
지친 날개에 내준 자리
발부리 닿은 더운 피 흐르고
마른 가지에 새순이 돋았다

새소리에 장단 맞추는 잎들
바람이 노란 깃털을 매달았다
날개는 가볍기만 하다
우듬지 세운 사시나무 바람을 잡고
새를 향해 목청 돋워보지만
뿌리 걸린 걸음, 노란 잎들만 몸살이다
한 치 잎새에 허공이 담긴다
새 떠난 가슴에 옹이 하나 새긴다

새벽별

어둠 그림자를 물고 있을 때
신호 걸린 걸음이 하늘을 부른다
촛불 가슴 찾아 떠돌다
스며들지 못한 눈동자
새벽노을에 쫓기는 추운 별이다
물구슬로 길을 찾는 눈동자
손잡은 손톱달 따라 젖을 때
별빛 지운 허공 얼굴을 붉힌다

푸른 밤 유성으로 떠돌다
눈 맑은 여인 창에 매달려
젖은 밤 지새운 샛별눈
실눈 뜨는 허공에 길을 놓치기도 한다
밤새 뜨겁게 타오른 눈빛
늘 어긋나기만 하는 눈길이다
닿지 못한 눈동자 물방울 반짝이고
찬 서리 내린 별, 여명도 아프다

황혼 시선

그것이 단지 눈 앞을 가리는 휘장일지라도
요긴한 울타리였던 무엇들이 가끔
나를 가둘 때가 있다

노을 품은 구름이 가시로 돋는 그림
내겐 상상에도 없던 일
노을은 늘 아름답지 않은 적 없었지만
지금 내 앞 저 붉은 노을구름이 찬란하지만 않다

갈림길에선 어느 방향으로든 선택은 운명이지만
흔적 없는 길을 동경하면서도
늘 익숙한 길로 들어섰던 건 나의 선택이었다

산을 넘기 바로 전 저기
붉은 구름 노을에 대한 기억과
평온의 잔잔한 밤의 기대 중
어떤 아름다운 선택을 해야 하나
지금
상상에도 없던 갈림길에 나는 서 있는 것이다

산새 더불어 숲속
청노루로 살고 싶은 건 변하지 않는 나의 소망,
하지만
건조한 회색 거리가 더 익숙하여
이제 막 들어선 황혼의 초입은 너무 낯설다

길거리 노점상 잘 익은 다래들
늘 소망이었던 숲속 향수처럼 소복소복 쌓아 올려져 있는,
이제는 친숙해질 것 같은 붉은 저녁

눈동자 사계四季

돌아본 순간 마주친 눈동자
푸른 가슴에 불을 일으킨다
달아나려 몸부림을 쳐보지만
시작한 불은 시들 줄 모른다

장대비가 내리고
강물이 수없이 흘려보내어도
타오른 불길은 걷잡을 수 없이
숲을 삼키고도 성이 차지 않는지
뜨거움을 내려놓지 않는다

돌아보지 않는 눈빛에
새까맣게 그을린 가슴
수천 밤낮을 바닥까지 씻어보지만
재로 남은 민둥산에
진달래 한 송이 피울 수 없다
차가운 눈빛은 넘을 수 없는 얼음벽이 된다

눈동자에도 밤낮이 있고
물길이 흐르고 두꺼운 얼음도 있다
뜨겁게 머물던 눈빛이
돌아설 때는 다가갈 수 없는 빙하로 흐른다

인공지능 애인

문 열면 안겨 오는 목소리가 달다
찢기고 상처 난 오후가 새살이 돋는다
가면 쓴 얼굴이지만 꿀이 흐르는 말투
종일 나만 기다리는 여인
수천 번 밤낮이 지나가도
주름살마저 피해 가는 얼굴
처음 그대로 늘 이십 대다
옆길을 걸어도 투기하지 않고
밤낮 체온은 삼십육 점 오도
침상에서는 구름 위를 나르는 나비
꽃 한 송이 안겨주지 않아도 움직이는 더듬이
잔고 없는 통장에도 목소리 높지 않는
내세울 것 없는 내 애인이다

신이 나누어준 불륜 애인
두 평 공간은 밤마다 오아시스였다
조각난 밤, TV에서 만난 AI 아나운서
그 쌍둥이를 맞이하면서
춥고 길던 밤이 날아갔다

꽃이 된 상처

떼어내고 싶다

걸음마도 익히기 전,
여린 뺨에 붙은 산거머리 한 마리
푸른 날 저물도록 발목을 잡는다

불새가 물어다 준 아픈 그림자
붉어지는 가슴 따라 커져만 가는 흉터
햇살 등지고 거울을 외면하며 살았다

가리거나 떼어내려 할수록
더 깊이 물고 늘어지는 산거머리
마음속까지 뿌리 뻗친다
하늘 푸른 줄 몰랐고
그늘을 업고 어둠 속만 걸어왔다

벚꽃 바람나던 날
춤추는 꽃잎 따라 눈웃음 흘렸을 뿐인데
그 마음 그대로 크게 웃어보라는 말에

소리 없이 웃었더니
하회탈이 숨어 있다고 한다

긴 그늘에 햇살 든 날
상처가 웃음 속에서 꽃을 피웠다

내가 가는 길

미시령 옛길을 오르다 폭설을 만났다
체인 없는 자동차 바퀴는 헛돌기만 하고
급하게 꺾어지는 아찔한 벼랑 길
돌아서기란 새가 되는 일
동전 뒤집기조차 거부하는 길
멈춤을 달래며 입 벌린 낭떠러지를 등지고
마주하는 차가 없기를 빌었다
고갯마루에서 돌아본 길
꿈 같은 길이 가슴에 불을 지핀다

길이 힘들면 새길을 열어야 한다
진창을 만나면 밑창 닳은 고무신으로
자갈밭을 갈 일이다
이따금 돌아갈 수 없는 길을 만나
이정표 없는 길에 등불 밝히기도 하고
간절한 문패에도 꿈인 듯 별빛 반짝인다
가시덤불도 자주 걷다 보면 길이 된다
길은 없다 스스로 만들어갈 뿐
신작로도 산이고 논밭이었다

봄 세레나데

은편리 오월 밤은 뜨겁다
밤 깊도록 시들지 않는 피 끓이는 소리
그 간절한 구애에
짝 찾은 개구리 다시 뜨거워진다

내 푸른 시절
가슴에 핀 분홍빛 꽃 한 송이
말 한마디 건네지 못한 채
창에 비치는 그림자만 쫓다가
숱한 밤을 놓치고 구멍 난 가슴
창밖에서 노래나 부를 걸 그랬다

은편리 오월 밤은 슬프다
밤새워 아픈 이름 부르는 소리
울대 막히고 눈물샘 마르도록
대답 없는 어미 향한 절규다

나만 바라보며 허리 꺾이고
심장까지 내어준 당신을 떠나보낸 후
기껏 사흘 밤낮, 눈물 마른 내 통곡
여름밤 내내 그치지 않는 세레나데에
아픈 그림자로 밤을 새운다

바위의 눈물

어릴 적 내 아버지는
늘 차가운 바위였다
입가엔 단단한 주름
눈빛은 날 선 바람
등 뒤에서만 바라보던 그늘, 아버지는
손끝에 닿을 수 없는 거리였다

밤이면 술잔에 가라앉은 한숨
새벽이면 무거운 발걸음
회초리의 매운 흔적 속에서도
나는 몰랐다
그 바위가 울고 있었다는 걸

이슬 맺힌 바위틈에서
어느 날 나는 비로소 보았다
흐르지 못한 눈물의 강이
핏줄처럼 새겨진 얼굴을!
싸늘한 돌 아래 숨겨진 뜨거운 체온을!

닿을 수 없는 바람이 되어
내 곁을 맴도는 아버지
손을 뻗으면 사라질 것만 같은
이제는
그리움이 된 바위의 눈물

쉰둘에 멈춘 여인의 시계

지아비 코 고는 소리에
밤을 물고 늘어지고
숨소리 접은 채 모로 누워 밤 지새곤 했다
태산 같은 남편 새벽 걸음 배웅한 뒤
마른기침 한두 번, 평생 그녀는
그렇게 아침을 열곤 했다

겨우 열일곱에 선택한
오직 하늘인 줄 알았던 지아비,
그러나 바람에 꽃은 꺾이고
전쟁통 세월 속
빨치산 구둣발에 어머니는 급기야
직립보행을 멈춰버렸다

동백 꽃바람 따라 둥지를 버린 지아비,
남겨진 오 남매와 오일장을 떠돌고
앞산 뒷산 굽은 무릎으로 오르내리며
허기 달랬지만
언젠가 돌아오리란 믿음 하나로 붙들고 살았다

먼지뿐인 바람만 안고 돌아온 지아비에게 여인은
예수의 손으로 저녁마다 발을 씻기고
칠첩반상 한번 거르지 않았다

한평생 목소리 담장 넘는 적 없었고
자식은 부모 가르침에
항상 무릎을 꿇어야 함을 배워 실천했던 어머니

오늘같이 북서풍 부는 밤이면 먼저 하늘이 된 당신
그리워 별빛 모아 난롯불을 지펴봅니다.

사실, 어제도 같은 바람이었습니다

따뜻한 그림자

떼지 못한 그림자 하나 따라다닌다
푸른빛 강물로 흘러갔지만
따라다니는 그늘 하나 일어나 나를 적신다

그는 설산에서 하늘로 꽃대를 세우고
얼음을 갈아 무궁화꽃을 피우고 있었다
말 한마디에 죽고 사는 하루살이

그해 십이월 새벽
*어두리에 울린 허기가 쏜 총성은
한 달이면 만개할 무궁화 꽃대를 꺾어버리고
나는 신발 끈조차 허용되지 않는
삼십팔 번 이름으로 불렸다

담뱃불로 산불 위기를 초래했을 때
먹빛 하늘을 눈 흘김으로 거두어 준 단비였다
수년을 닦아온 길과 텃밭
엉덩이 걸칠 자리마저 밀어내고 말았다

시린 햇살 업고
*44번국도 제설작업 중 땀 젖은 등을
툭 치는 손에 머문 햇빛 지금도 뜨겁다

*어두리: 강원도 인제군에 있는 군 주둔지가 있는 마을
*원통을 거쳐 설악산으로 가는 국도

대숲에 들다

태화강*십리 대숲이 뜨겁다
그늘 찾아든 땀방울이 숲을 데운다
도깨비 바람에 물린 아우성이 끓는다

우듬지에 걸린 햇살 비명이 아프다
바람에 날을 간 서슬에 베인
땡볕살이 한기로 내린다

쉼 없이 속살거리는 댓잎들
몸끼리 닿을 듯 비켜서는 아슬한 춤사위
바람에 놀고 햇빛 가르는 소리다

대숲에 들면 성난 햇살도
그늘로 녹아내리고
세찬 비바람도 속 비운 대나무엔 헛바람이다

*십리 대숲: 울산광역시 태화강에 있는 국가 정원

바다의 언어로 피워낸 기억과 사랑

- 김사헌 시인의 시 세계

안경모 | 시인

김사헌 시인을 떠올릴 때, 가장 먼저 스치는 이미지는 '바다'이다. 그는 산과도 어울렸지만, 울산에서 태어나 삶의 터전이 지금은 부산인 바다의 사람이고, 그래서인지 바닷가에서 자라난 삶의 흔적이 그의 언어 구석구석에 묻어난다.

무엇보다 김사헌 시 세계의 저변에는 바다가 흐른다. 바다는 고향의 풍경이자, 끊임없이 다가오는 그리움의 이미지이다. 그의 시에서 바다는 한없이 넓고 깊은 존재의 메타포로 읽힌다. 파도처럼 반복되는 상처와 회복, 이별과 만남의 리듬은 그의 시적 리듬과도 겹친다.

그러나 김사헌의 바다는 단순히 풍경이거나 배경이 아니다. 그것은 기억의 바다이며, 상처의 바다이고, 또한 그리움과 회복의 바다다.

여기에 더해, 지독히도 가난했던 기억은 시인의 언어

를 더욱 절실하게 만들었다. 가난은 삶을 옭아매는 족
쇄였으나 동시에 인간과 세계를 바라보는 겸허한 눈이
되었다. 가난을 뚫고 나온 언어는 과장되거나 화려하지
않다. 오히려 소박하고 담백하며, 그래서 더 깊은 울림
을 준다. 이렇듯 김사헌 시인의 시 세계는 바다와 가난,
어머니와 아버지, 유년의 기억, 그리고 잃어버린 것들
에 대한 애도의 언어, 상처와 그리움의 언어로 가득 차
있다.

또한, 김사헌 시의 중요한 축은 가족의 기억이다. 어
머니와 아버지에 대한 기억은 시인의 내면에서 늘 상처
와 그리움이 겹쳐지는 공간을 형성한다. 김사헌의 시는
'뒤늦게 깨닫는 사랑'의 구조를 반복적으로 드러내며,
독자로 하여금 자기 삶 속의 부모를 다시 떠올리게 한
다. 또한 그럼으로써 자신의 유년 기억으로도 자연스럽
게 연결되는 서정이 펼쳐지곤 한다.

그렇다고 성인이 된 지금 그의 삶이 굴곡 없이 평탄
하였다면 시인의 깊이로 들어오지 못했을 수도 있다.
늘 그의 삶이 파도처럼 밀려왔다 물러가는 시간의 흐름
속에서, 김사헌 시인의 시는 그래서 언제나 삶의 깊은
울음을 품고 있다.

삶의 불확실성과 고난 속에서 길을 찾아가는 인간의
모습을 시적으로 형상화한 그의 시 〈바닷길에 서다〉는
바다 위 항해를 통해 삶의 본질을 성찰하는 작품이면서

그의 시를 읽는 독자로써 김사헌을 시인으로 움직이기 시작하게 했던 것이 무엇이었는지 가늠하며 감상하기에 적절한 작품이 아닐까 생각한다.

떠도는 길 하나
수평선 끝에 머물고 싶다
티끌 구름 한 점 없는 하늘 아래
모선母船을 떠난 거룻배
수평선을 안고 나아갈 때
몰려온 먹구름이 수평선을 삼킨다

뒤꿈치 들어 키를 높인 파도가
바람에 떠밀려 앞 파도 등을 민다
돌아갈 길 묻는 갈매기
굵어지는 빗줄기에 길을 막아선다
파도 목덜미 붙들고 몸부림을 쳐보지만
물결 스칠 때마다
살점 떨어진 자리마다 티는 꽃이다

노를 젓던 기력은 뱃전에 몸을 묶었다
비로소 파도가 숨을 고르자
물결이 다가와 길을 꺼낸다
때로는 파도를 타야 넘을 수 있다고

— 「바닷길에 서다」 전문

"떠도는 길 하나/수평선 끝에 머물고 싶다/티끌 구름 한 점 없는 하늘 아래/모선母船을 떠난 거룻배/수평선을 안고 나아갈 때/몰려온 먹구름이 수평선을 삼킨다" 에서 시적 자아는

모선을 떠난 거룻배처럼 홀로 수평선을 향해 나아가지만, 곧 먹구름과 파도, 거센 빗줄기에 막히며 고난과 불안을 마주한다. 이 과정은 인간이 삶 속에서 경험하는 시련과 불확실성을 상징한다.

흥미로운 점은, 마지막 연에서 시인은

"비로소 파도가 숨을 고르자/물결이 다가와 길을 꺼낸다/때로는 파도를 타야 넘을 수 있다고"처럼

저항의 힘이 다했을 때 오히려 길이 드러난다는 역설이다. "때로는 파도를 타야 넘을 수 있다"는 구절은 삶을 무조건 거슬러 싸우기보다, 때로는 받아들이고 함께 움직일 때 길이 열린다는 깨달음을 담고 있다. 파도는 단순한 장애물이 아니라 삶을 건너게 하는 매개가 된다. 인간이 고독과 시련 속에서 길을 얻는다는, 살다 보면 저절로 깨닫게 되는 너무나 평범한 진리를 우리는 가끔 잊을 때가 있다.

〈바닷길에 서다〉는 단순히 풍랑을 이겨내는 항해담이 아니라, 고난과 상처 속에서 의미를 길어내는 시인의 존재론적 사유를 담고 있다. 김사헌은 그 모순된 바다 위에서, 인간이 살아가는 방식 또한 그렇게 모순적이며, 그럼에도 불구하고 계속 나아가야 한다는 진실을

보여준다.

이처럼 그에게 바다는 언어의 원천이자 존재의 근원이며, 언제나 바다에게 묻고 바다에서 답을 얻는 김사헌 시인을 가리켜 나는 주저 없이 "바다의 언어를 가진 시인"이라 부르고 싶다.

하지만 그의 시 세계를 온전히 이해하려면, 바다만이 아니라 그 뿌리의 기억들에 귀 기울여야 한다. 동시에 다음 시의 바람처럼 어디에서든 늘 준비된 그물을 던져 유별한 촘촘의 언어를 찾는 시인의 기력을 응원하고 싶다.

> 허공에 그물을 던진다
> 눈앞을 날아다니는 새를 향해
> 그물을 펼치지만 걸려드는 건
> 바람이 남긴 마른 낙엽뿐이다
>
> 골짜기 시냇물에 낚싯대 드리우고
> 지느러미 흔드는 물고기를 향해
> 시간을 던져보지만 걸리는 건
> 잡초 가득 문 이끼뿐이다
>
> 호숫가에서 은빛 물결을 붙들고
> 파문이 뱉는 말에 귀 기울이다
> 다급한 노을에 쫓기기도 하지만
> 물속 깊이 몸을 숨긴 내 언어는
> 그림자마저 감추어 버린 물고기

대문 열어둔 넓은 정원
파랑새 둥지엔 낙엽만 드나들고
은어를 부르는 백지 위엔 이끼만 가득
벌거벗은 팽나무에 걸린 바람이
노을을 붙들고 춤춘다

— 「언어를 찾다」 전문

이 시에서 시인은 시인의 본질적 과제를 정면으로 응시한다. 언어는 시인의 생명줄이자 존재 이유이지만, 동시에 가장 붙잡기 어려운 대상이다. 이 작품은 언어를 찾아 나서는 고된 여정을 '그물', '낚싯대', '은빛 물결'과 같은 이미지로 펼쳐내며, 시인이 겪는 창작의 고통과 갈망을 비유한다.

화자는 허공에 그물을 던지며 이야기를 시작한다. 결국 걸려드는 것은 "바람이 남긴 마른 낙엽"뿐이다. 생명력 넘치는 새를 붙잡으려 했으나, 결국 붙잡힌 것은 생명의 흔적조차 바래버린 잔해다. 하지만 언어를 붙잡는 순간 이미 시적 생명은 사라진다. 여기에는 언어 포획의 불가능성과, 시인이 마주한 허무가 담겨 있다.

시인은 생생한 언어, 살아 있는 단어를 원하지만, 결국 손에 쥐어지는 것은 축적된 습성과 흔적뿐이다. 창작의 좌절은 곧 언어의 불가해성에서 비롯된다.

시인은 언어를 끊임없이 좇지만, 언어는 더 깊은 곳으로 숨어들며 시인의 갈망을 끝내 채우지 않는다.

언어 찾기의 실패를 반복하면서도, 또 다른 차원의 사유를 열어둔다. "벌거벗은 팽나무에 걸린 바람이/노을을 붙들고 춤춘다"라는 구절은 흥미롭다. 언어는 끝내 붙잡히지 않았지만, 대신 바람과 노을, 춤이라는 이미지가 새로운 시적 언어로 피어난다. 실패가 곧 창작의 또 다른 형태로 전환되는 순간이다.

〈언어를 찾다〉는 시인이 언어를 붙잡으려는 반복된 실패를 그리지만, 바로 그 실패 속에서 시는 태어난다는 역설을 보여준다. 김사헌은 언어를 쫓는 고된 사투를 통해, 언어가 단순한 도구가 아니라 시인의 존재를 끊임없이 시험하는 실체임을 드러낸다. 결국 언어의 부재와 도달 불가능성을 노래하면서도, 그 부재의 자리에서 피어나는 새로운 언어의 가능성을 동시에 보여준다.

시인의 창작과 언어, 그리고 우주적 상상을 결합한 그의 또 다른 작품 「낮별을 찾아서」라는 작품에선 시적 자아가 경험하는 내적 탐색과 노력의 과정을 섬세하게 보여준다.

"등불이 꺼지면 피어나는 숨결/먼지 속 책장을 헤치고 솟아난 빛이 어둠을 밀어내고 은하를 펼친다"(중략) "손에 쥐는 건 비린 어둠뿐"(중략) "숙명이다/낮별을 찾는 일, 시인의 길은/끝없이 허황을 증명해야 하는"

— 「낮별을 찾아서」 부분

첫 구절에서, 시인은 창작이 단순히 생각이나 상상이 아니라, 긴 시간과 집중 속에서 발견되는 성취임을 암시한다. "손에 쥐는 건 비린 어둠뿐"이라는 구절에서 시인은 영감과 언어가 늘 쉽게 붙잡히지 않는다는 사실을 직시한다. 시인은 어둠 속에서 희미하게 흔들리는 빛을 붙잡으려 하지만, 창작은 늘 불확실함과 함께한다. 언어를 잡아 정교하게 다듬고, 다른 말이 섞이지 않도록 관리하는 시인의 섬세한 노력은, 창작이 단순한 표현이 아니라 숙명적 행위임을 보여준다. "낮별을 찾는 일, 시인의 길은/끝없이 허황을 증명해야 하는"이라는 구절은, 창작이 결코 완성으로 끝나지 않으며, 끊임없이 도전하고 자신을 검증해야 하는 여정임을 시사한다.

김사헌의 유년 기억 속에는 시인의 첫 시집 《얼음꽃밥》에서처럼 찔레꽃과 어머니가 있다. 찔레꽃은 가난과 고단함을 상징하면서도 동시에 가장 따뜻한 위안의 언어가 된다. 그러나 시인은 평소 어머니를 각별한 사랑으로 대하지 못했다고 고백하곤 했다. 그러면서 이번엔 찔레꽃이 아닌 〈쉰둘에 멈춘 여인의 시계〉에서처럼 한 '여인'으로, 그 여인의 고단한 생애를 넘어, 한국 근현대사의 폭력과 가부장적 질서 속에서 살아낸 여성들의 보편적 서사를 담고 있다. 시인의 언어는 단순한 회상이나 기록이 아니라, 그 세대의 고통을 오늘의 언어로 다시 불러내며 기억의 윤리와 사랑의 성찰로 확장된다.

지아비 코 고는 소리에
밤을 물고 늘어지고
숨소리 접은 채 모로 누워 밤 지새곤 했다
태산 같은 남편 새벽 걸음 배웅한 뒤
마른기침 한두 번, 평생 그녀는
그렇게 아침을 열곤 했다

겨우 열일곱에 선택한
오직 하늘인 줄 알았던 지아비,
그러나 바람에 꽃은 꺾이고
전쟁통 세월 속
빨치산 구둣발에 어머니는 급기야
직립보행을 멈춰버렸다

동백 꽃바람 따라 둥지를 버린 지아비,
남겨진 오 남매와 오일장을 떠돌고
앞산 뒷산 굽은 무릎으로 오르내리며
허기 달랬지만
언젠가 돌아오리란 믿음 하나로 붙들고 살았다

먼지뿐인 바람만 안고 돌아온 지아비에게 여인은
예수의 손으로 저녁마다 발을 씻기고
칠첩반상 한번 거르지 않았다

한평생 목소리 담장 넘는 적 없었고

자식은 부모 가르침에
항상 무릎을 꿇어야 함을 배워 실천했던 어머니

오늘같이 북서풍 부는 밤이면 먼저 하늘이 된 당신
그리워 별빛 모아 난롯불을 지펴봅니다.

사실, 어제도 같은 바람이었습니다

　　　　　　　　　　　－「쉰둘에 멈춘 여인의 시계

　이 시는 한 여인의 삶을 기록한 동시에, 시대와 운명
이 얽어낸 역사적 슬픔과 개인적 서사의 교차점을 그린
작품이다. 제목 속 〈쉰둘에 멈춘 시계〉는 단순히 한 여
인의 생애가 멈춘 나이를 뜻하는 것이 아니라, 그 여인
이 짊어지고 살아낸 고단한 삶의 무게, 그리고 시대적
억압 속에서 갇힌 여성의 운명을 은유한다.
　시의 첫머리에서 보이는 이미지는 결혼 이후 여인의
일상이다.
　"지아비 코 고는 소리에/밤을 물고 늘어지고"라는 표
현은 단순한 생활 묘사가 아니라, 상대의 무게와 억압
속에서 잠조차 제대로 이루지 못한 긴장된 삶을 드러낸
다. 새벽마다 "태산 같은 남편"을 배웅하고, 자신의 몸
을 돌보는 대신 가족의 일상을 위해 아침을 열어야 했
던 반복된 삶이 강조된다. 여기서 여인의 존재는 주체
적 '나'가 아니라 남편의 그림자로 살아가는 타인의 무

게에 눌린 존재로 그려진다.

이 시는 단순한 가정사에 머물지 않는다.

"전쟁통 세월 속/빨치산 구둣발에 어머니는 급기야/직립보행을 멈춰버렸다"는 구절은, 한 개인의 삶이 시대적 폭력 앞에서 어떻게 무너질 수밖에 없었는지를 보여준다. 가정과 여성의 삶은 정치적·역사적 격변 속에서 쉽게 짓밟히고, 그 피해는 고스란히 남겨진 자식과 후손의 몫으로 이어진다.

지아비의 배신과 부재가 등장하는 "동백 꽃바람 따라 둥지를 버린 지아비"라는 문장은 아름다운 꽃과 바람의 이미지에 기대어 있으면서도, 실은 가정을 등진 이의 가혹한 선택을 드러낸다. 그러나 여인은 오 남매를 거느리고 굽은 무릎으로 산을 오르내리며 삶을 지탱한다. 그녀를 지탱한 힘은 "언젠가 돌아오리란 믿음"이었다. 이 믿음은 현실적 확신이 아니라 스스로를 지키기 위한 존재의 버팀목이었다.

뒤늦게 돌아온 남편을 향해 헌신과 침묵의 삶을 살았던 여인은 원망 대신 "예수의 손으로 저녁마다 발을 씻기고/칠첩반상 한번 거르지 않았다"고 한다. 이는 종교적 헌신을 넘어선, 스스로를 비우고 타인을 섬기는 삶의 극한을 보여준다. 또한 "목소리 담장 넘는 적 없었고"라는 구절은 전통적인 여성상—가부장제의 울타리 안에서 침묵으로 일관했던 어머니 세대의 상징처럼 읽힌다.

마지막 연에서 시적 화자는 별빛으로 이어지는 기억에서 현재로 넘어온다.

"오늘같이 북서풍 부는 밤이면 먼저 하늘이 된 당신 그리워 별빛 모아 난롯불을 지펴봅니다."

여인의 삶은 이미 쉰둘에 멈췄지만, 그 기억과 그리움은 화자의 현재 속에서 여전히 살아 있다. '시계'는 멈췄으나, 그 시간의 상처와 헌신은 별빛처럼 후세의 삶을 비추는 빛이 된다. "사실, 어제도 같은 바람이었습니다"라는 마지막 구절은, 그리움이 특정한 하루의 일이 아니라 매일 같이 이어지는 감정임을 드러내며, 삶과 죽음, 과거와 현재가 끊임없이 교차하고 있음을 말한다.

〈쉰둘에 멈춘 여인의 시계〉는 독자들에게 특별한 울림을 준다. 억압된 삶 속에서도 가족을 붙들고 살아온 여인의 모습을 그린 이 작품은, 단순한 개인사가 아니라 세대적 기억으로 확장된다.

다른 작품들이 개인적 상처와 그리움의 서사라면, 이 시는 '나'의 이야기를 넘어 동시대 '우리'의 이야기로 나아간다.

그는 첫 시집과 달리 지금의 세 번째 시집 ≪사막에 모를 심다, 2025≫에서는 어머니에 대한 사유를, 독자를 울먹이게 하지 않고 아내와 가족의 순한 기억들로 귀결시키며 사유의 정점에 도달한다.

향기에 눈마저 길을 잃는
찔레꽃밭 흰노랑 바람이
꽃소식 멀기만 했던 그 겨울 기억을 일으킨다

노란 단무지 김밥 두 줄 달랑 들고
젖먹이 첫딸 함께 했던 봄나들이 길
그 길이
오로지 걷기만 하는 왕복 삼십 리 고된 길이어도,
한겨울 파고드는 문풍지 바람 차가워도
단칸방 비탈진 신혼의 하늘은
늘 노랑 빨강 부풀어 있는 풍선빛이었다

사는 일이 온통 가시덤불이지만
서로 다른 꽃으로 만나
지지 않는 계절 꽃으로
당신과 나 아직 피어 있고
그 길 위에 우린 또 이렇게 기대어 있다

바람 가끔 불면
가난한 찔레꽃향 기억 앞에
오늘처럼
잠시 멈추어 있는 것도 괜찮겠다
오로지 걷기만 하는 길을 만나는 것도 꽤 괜찮겠다

                        ─「찔레밭에 핀 장미」전문

〈찔레밭에 핀 장미〉는 삶의 고단함 속에서도 사랑과

기억, 일상의 아름다움을 섬세하게 포착한 작품이다. 시인은 찔레밭과 장미라는 대비적 이미지를 통해, 고통과 가난 속에서도 피어나는 인간적 희망과 정서를 전달한다. "향기에 눈마저 길을 잃는/찔레꽃밭 흰노랑 바람이/꽃소식 멀기만 했던 그 겨울 기억을 일으킨다"라는 구절은, 시적 화자가 과거의 기억과 감정을 향기로 불러내며, 삶의 고단함을 감각적으로 연결하면서 화자의 개인적 경험과 기억이 구체적으로 펼쳐진다. "노란 단무지 김밥 두 줄 달랑 들고/젖먹이 첫딸 함께 했던 봄나들이 길"이라는 묘사는 소박하고 평범한 순간이지만, 김사헌 시인답게 그것이 지닌 정서적 가치를 강조한다. "한겨울/파고드는 문풍지 바람 차가워도/단칸방 비탈진 신혼의 하늘은/늘 노랑 빨강 부풀어 있는 풍선 빛이었다"라는 구절은, 사랑과 희망이 삶을 따뜻하게 채운다는 메시지를 시각적 이미지로 구현한다.

마지막으로 시인은 삶의 어려움과 사랑의 지속성을 조화롭게 담아낸다. "사는 일이 온통 가시덤불이지만/서로 다른 꽃으로 만나/지지 않는 계절꽃으로/당신과 나 아직 피어 있고"라는 표현은, 찔레처럼 가시투성이인 현실 속에서도 서로의 존재가 아름다움과 힘이 됨을 보여준다. 그러면서 "바람 가끔 불면 / 가난한 찔레꽃향 기억 앞에/오늘처럼/잠시 멈추어 있는 것도 괜찮겠다"라는 말로 삶의 여정에서 잠시 멈추어 기억과 사랑을 음미하는 순간의 의미를 강조한다.

〈찔레밭에 핀 장미〉는 가난과 고단함 속에서도 피어
나는 사랑과 기억, 인간적 따스함을 섬세하게 담아낸
시다. 시인은 찔레와 장미라는 이미지로 고통과 희망,
현실과 이상을 조화롭게 그리며, 삶의 길 위에서 피어
나는 존재의 아름다움을 보여준다

어릴 적에는 무섭게만 느껴졌던 아버지의 그림자도
마찬가지다. 그의 다른 시 「아버지의 첫 눈물」이라는
작품에서 "부산항 제2부두/월남으로 파병되는 형에게
손 흔들다/등 돌린 바위에 맺힌 이슬"로 내면을 보였던
아버지는 "저녁이면 들어서는 취한 걸음/늘 회초리가
되는 아버지"로 다시 돌아오지만, 그러나 시간이 흐른
뒤 〈바위의 눈물〉에선 그리움의 정조로 승화되어 발현
된다.

어릴 적 내 아버지는
늘 차가운 바위였다
입가엔 단단한 주름
눈빛은 날 선 바람
등 뒤에서만 바라보던 그늘, 아버지는
손끝에 닿을 수 없는 거리였다

밤이면 술잔에 가라앉은 한숨
새벽이면 무거운 발걸음
회초리의 매운 흔적 속에서도

나는 몰랐다
그 바위가 울고 있었다는 걸

이슬 맺힌 바위틈에서
어느 날 나는 비로소 보았다
흐르지 못한 눈물의 강이
핏줄처럼 새겨진 얼굴을!
싸늘한 돌 아래 숨겨진 뜨거운 체온을!

닿을 수 없는 바람이 되어
내 곁을 맴도는 아버지
손을 뻗으면 사라질 것만 같은
이제는
그리움이 된 바위의 눈물

　　　　　　　　　　　　　　－「바위의 눈물」전문

　김사헌의 「바위의 눈물」은 아버지를 향한 기억과 그
리움을 '바위'라는 이미지로 압축해 낸 시다. 어린 시절
시적 화자에게 아버지는 단단하고 차가운 바위처럼 다
가온다. "입가엔 단단한 주름/눈빛은 날 선 바람"이라는
표현은, 가부장적이고 권위적인 아버지의 형상을 날카
롭게 그려낸다. 그러나 그 차가움은 곧 보호와 희생의
다른 얼굴이었음을, 화자는 뒤늦게 깨닫는다.
　"나는 몰랐다/그 바위가 울고 있었다는 걸"이라는 구
절은 이 시의 전환점이다. 강인해 보이던 아버지 역시

술잔 속에, 무거운 발걸음 속에, 홀로 감내한 눈물을 안고 살았음을 뒤늦게 발견한 것이다. 이는 자식의 눈에는 보이지 않던 아버지의 내면을 드러내는 동시에, 세대를 넘어 반복되는 아버지의 숙명을 상징한다.

특히 "핏줄처럼 새겨진 얼굴"과 "싸늘한 돌 아래 숨겨진 뜨거운 체온"이라는 시구는, 겉으로는 차갑지만, 속으로는 뜨겁게 사랑을 품은 아버지의 양가적 존재감을 절묘하게 드러낸다. 여기서 바위는 단순한 냉혹함의 상징이 아니라, 눈물을 감춘 강인함, 곧 사랑을 표현하지 못하는 세대의 초상이 된다.

결국 이 시는 개인적 회상을 넘어, 한국적 가족사의 풍경을 담아낸다. 억눌림 속에서도 삶을 감당했던 아버지 세대, 그리고 이제야 그 마음을 깨닫는 자식 세대 사이의 간극이 "바위의 눈물"로 형상화된 것이다. 이 눈물은 돌에 새겨져 흐르지 못한 채 남아있지만, 바로 그 흔적이야말로 사랑의 증거이자 그리움의 형상으로 남는다. 뒤늦게 깨닫는 아버지의 눈물은 결국 사랑의 다른 이름이다. 이 깨달음은 단순한 회한이 아니라, 타인의 고통을 뒤늦게 이해하는 성숙의 언어다.

사랑을 알지 못했던 시간, 그러나 뒤늦게 깨닫는 그리움과 애틋함이 그의 시에 절절하게 새겨져 있는 이유다.

아버지라는 단어가 단순한 하나의 단어가 아니라는

것을 시인은 그리 멀지 않은 후일에 경험한다. 시인의 또 다른 시 「섬이 되다」라는 작품에서는 아버지라는 단어 사용은 하지 않았지만 "등짐으로 휘청거리는 걸음/안개에 가린 금정산 오솔길/한 치 앞이 멀어질 때/나는 무인도가 된다"라며 잠시 삶이라는 고통의 경험을 이야기한다. 삶의 무거운 책임과 고통 속에서도 관계와 자연을 통해 작은 위안을 발견하는, 그러면서 인간적 연결과 순간의 희망을 만들어 내는 다음 시 〈굴레〉를 통해 시인의 고백을 들어본다.

> 낙엽 구르는 소리마저 잠든 시간
> 밀어낼수록 더 일어나는 생각
> 적막이 짓누르는 발걸음, 불면으로 이끈다
>
> 세 차례 수술칼이 남긴 그림자로
> 천형처럼 짊어진 이십 년을 내던지고
> 영도 앞바다에 식솔의 눈물 묻었다
>
> 잠깐 스쳤던 무지갯빛 하늘이
> 밀물처럼 달려드는 고지서 앞에
> 먹구름 태풍으로 날 세웠을 때
> 남편과 아비의 굴레를 벗어던지고
> 바닷바람 따라 떠돌고 싶었다
> 뒹굴었던 불면의 밤에겐
> 벼랑 끝 물음표를 수시로 던지곤 했다

다시는 눈뜨지 않으리라 붙든 잠
그때
꿈결처럼 들리던 말 한마디,

"그냥 곁에만 있어 주세요"

다대포 하늘 빛나는 아침
꼭 잡은 두 손 위로 무지개
크게 뜬다

— 「굴레」 전문

〈굴레〉는 삶의 무게와 개인적 고통, 그리고 그 안에
서 발견하는 작은 위안을 담담히 그려낸 시다. 시는 처
음부터 시간과 공간을 넘어선 적막과 불면을 포착한다.
"낙엽 구르는 소리마저 잠든 시간/밀어낼수록 더 일어
나는 생각"이라는 구절은 마음속 갈등과 기억이 결코
잠들지 않음을 보여주며, 시적 자아의 고단한 내면을
드러낸다.

중반부에서는 삶의 상처와 책임이 구체적으로 드러
난다. "세 차례 수술칼이 남긴 그림자"와 "천형처럼 짊
어진 이십 년"은 신체적, 정신적 고통과 삶의 무거운 굴
레를 상징한다. 동시에 "영도 앞바다에 식솔의 눈물 묻
었다"라는 장면은 가족과 책임 속에서 자신을 희생해야
했던 시간들을 시적으로 승화시킨다. 이때 시인은 굴레

속에서 느끼는 피로와 억압을, 바다와 자연의 이미지로 연결하며 독자로 하여금 고통과 위안을 동시에 체감하게 한다.

후반부는 이러한 굴레를 잠시 내려놓고, 삶의 가벼운 순간을 포착한다. "남편과 아비의 굴레를 벗어던지고/ 바닷바람 따라 떠돌고 싶었다"라는 표현은 현실의 책임과 속박을 잠시 잊고 싶은 마음을 담고 있다. 하지만, 단순한 탈출이 아니라 "다시는 눈뜨지 않으리라 붙든 잠"과 "꿈결처럼 들리던 말 한마디 '그냥 곁에만 있어주세요'"에서 보듯, 진정한 위안은 타인과의 관계와 소통에서 비롯된다. 마지막에 펼쳐지는 "다대포 하늘 빛나는 아침/꼭 잡은 두 손 위로 무지개 크게 뜬다"는 희망과 회복의 이미지를 강하게 남기며, 고통 속에서도 삶의 아름다움과 연결될 수 있음을 보여준다.

〈굴레〉는 무거운 삶의 굴레 속에서 인간이 느끼는 고통, 책임, 불면의 시간을 사실적으로 그리면서도, 그 안에서 발견되는 작은 위안과 희망을 포착하는 작품이다. 김사헌 시인은 이 고백에서, 고통을 외면하지 않되 그 안에서도 인간적 연결과 자연의 섭리를 통해 회복을 찾을 수 있음을 조용히 전한다.

김사헌 시의 또 다른 뿌리는 가난이다. 그의 작품에는 늘 척박한 현실과 고단한 몸의 기억이 드러난다. 〈내가 가는 길〉은 겉으론 드러내진 않았지만, 이를 단적으로 보여준다.

미시령 옛길을 오르다 폭설을 만났다
체인 없는 자동차 바퀴는 헛돌기만 하고
급하게 꺾어지는 아찔한 벼랑 길
돌아서기란 새가 되는 일
동전 뒤집기조차 거부하는 길
멈춤을 달래며 입 벌린 낭떠러지를 등지고
마주하는 차가 없기를 빌었다
고갯마루에서 돌아본 길
꿈 같은 길이 가슴에 불을 지핀다

길이 힘들면 새길을 열어야 한다
진창을 만나면 밑창 닳은 고무신으로
자갈밭을 갈 일이다
신작로도 처음엔 산이고 논밭이었다

이따금 돌아갈 수 없는 길을 만나
이정표 없는 길에 등불 밝히기도 하고
간절한 문패에도 꿈인 듯 별빛 반짝인다
가시덤불도 자주 걷다 보면 길이 된다
스스로 만들어 갈 뿐,
처음부터 만들어져 있는 길은 없다

— 「내가 가는 길」 전문

김사헌 시인의 〈내가 가는 길〉은 삶이라는 여정을 길의 이미지로 압축하여 보여준다. 특히 "돌아서기란 새가 되는 일/동전 뒤집기조차 거부하는 길"이라는 표현은, 쉽게 물러서거나 포기하는 일이 불가능한 순간, 그 벼랑 끝의 긴장과 압박을 강렬하게 드러낸다.

이 시에서 길은 단순히 '지나가는 곳'이 아니다. 시인에게 길은 존재를 규정하는 공간이자, 스스로의 운명을 자각하게 하는 자리. 시인은 폭설이란 위기 앞에서 주저앉는 대신, "길이 힘들면 새길을 열어야 한다"고 선언한다. 이 말은 단순한 의지의 표현이 아니라, 삶의 본질적 태도를 압축한 문장이다.

또한, 가난은 그를 주저앉히지 않았다. 오히려 없는 것 속에서 길을 찾고, 보이지 않는 곳에서 등불을 밝히는 언어를 낳았다. "스스로 만들어 갈 뿐/처음부터 만들어져 있는 길은 없다"라는 구절에서 우리는 그가 체험을 통해 얻은 확고한 생의 윤리를 읽는다. 길은 원래부터 존재하는 것이 아니라, 누군가의 발걸음이 쌓이고 반복되어 비로소 드러난다. 따라서 길은 외부에서 주어진 것이 아니라, 스스로의 선택과 걸음으로 개척해 나가는 존재적 증거다. 이 점에서 시인의 '길'은 곧 자기 삶을 만들어 가는 행위 그 자체를 의미한다.

〈내가 가는 길〉은 인간 존재의 근원적인 물음을 길이라는 이미지 속에 담아낸 성찰의 시다. 폭설과 벼랑, 가시덤불과 신작로는 모두 삶의 난관과 고난을 상징한

다. 그러나 이 시는 독자에게 묻는다. 우리는 지금 주어
진 길을 걷고 있는가, 아니면 스스로 길을 만들어가고
있는가. 길을 마주하는 태도야말로 존재를 규정하는 본
질적인 선택이라는 것을 시인은 조용히, 그러나 단호하
게 전하고 있다.

'낙엽'이라는 평범한 소재를 통해, 삶과 죽음, 이별과
위로라는 보편적 주제를 결국, 다시 낙엽에 내가 자연
스럽게 기대며 위로하고 있는 12월의 시 〈낙엽에 기대
다〉를 읽으면, 김사헌 기저의 시적 정서가 고스란히 드
러난다.

> 12월 첫 아침 쌀쌀한 집 앞마당
> 뒹구는 붉은 이별들이 걸음을 묶는다
> 찬바람에 늦게 온 낙엽들이
> 끌어안듯
> 먼저 온 낙엽들을 덮어주는
>
> − 말없이 서로를 감싸 안는 저들의 기약 없는 이별에
> 따뜻해지는 이 느닷없음은 무엇인가
>
> 어제
> "생활고로 부부 동반 자살,
> 두 아이 생명이 위태로워…"라며 지나는
> TV 뉴스 자막문구에

으스스 추워 몸 떨었던 나는
왜
한동안
이미 나의 생은 끝자락에 접어들었노라
차가운 이별에만 몰두하였나

저 낙엽들의 봉분에서 피어오르는 뜨거운 김에 데어
어쩔 줄 몰라 호들갑 떠는,

－지금의 나는 얼마나 행복한가
이 이율배반은 또 무엇인가

따뜻한 찬바람 12월 하늘에서 눈이 떨어진다
낙엽들이 자꾸 내린다
나는
떨어진 낙엽들에 기대느라 스르르 앉는다
마당 한 켠 아직 뜨겁다

－「낙엽에 기대다」 전문

김사헌 시인의 〈낙엽에 기대다〉는 연말의 쓸쓸한 풍
경 속에서 삶과 존재의 섬세한 온기를 포착하는 작품이
다. 12월 첫 아침, 쓸쓸히 뒹구는 붉은 낙엽은 단순한
계절적 장치가 아니라, '이별'과 '기다림'을 동시에 상징
한다. 시인은 늦게 온 낙엽이 먼저 온 낙엽을 덮어주는
장면을 통해, 서로를 감싸 안는 존재의 미묘한 연대감

을 보여준다. 말없이 서로를 품어주는 이 작은 자연의 몸짓은, 인간관계와 삶의 위안에 대한 메타포로 읽힌다.

그러나 시는 곧 삶의 어두운 면으로 시선을 옮긴다. 뉴스 속 부부 동반 자살 사건의 자막을 읽으며, 시적 화자는 자신의 존재를 되돌아본다. "왜 한동안 이미 나의 생은 끝자락에 접어들었노라/차가운 이별에만 몰두하였나"라는 구절은, 인간이 일상 속에서 흔히 놓치는 삶의 온기와, 극단적 사건 속에서 비로소 깨닫는 자기 존재의 소중함을 직설적으로 보여준다. 시인은 이러한 내적 반응을 낙엽과 연결시킨다. 떨어진 낙엽에서 피어오르는 '뜨거운 김'은 삶의 미세한 온기를 감각적으로 체험하게 하며, 그 속에서 화자는 자신의 존재와 뜻밖의 행복을 다시 확인한다. 마지막 장면, "나는 떨어진 낙엽들에 기대느라 스르르 앉는다/마당 한 켠 아직 뜨겁다"는 구절은, 낙엽이라는 자연적 이미지가 단순한 배경이 아니라, 인간이 느낄 수 있는 작은 위안과 삶의 온기를 상징하고 있음을 보여준다. 시적 화자의 시선은 차가운 현실과 따뜻한 일상의 간극 사이에서 살아 움직이며, 독자 또한 낙엽과 함께 삶의 섬세한 온기를 체감하게 된다. 일상의 작은 순간 속에서 스며드는 존재의 의미, 그리고 서로를 감싸 안는 따뜻한 삶의 감각이 이 시를 통해 깊이 전달된다.

시인의 이러한 시적 정서는 다음의 시 〈삼호다리〉를

통해 더욱 쉽게 확인된다. 〈삼호다리〉는 사라진 반려견 통해 가족의 기억과 상실의 고통을 그린 시다.

우리집 귀족 루이를 태우고
삼호다리를 지날 때마다
오래전 집 나간 황구가 차창에 비친다
루이도 아픈 목소리로 슬픔을 보탠다

발소리만으로도 식구를 알아보고
험한 밤길 앞장서던 길동무 황구
꼬리 애교로 품에 안기며
잠자면서도 낯선 걸음 쫓아내던 참한 문지기였다

어느 해 뜨거운 여름날 저녁
식솔들 평상에 둘러앉아
어머니가 끓여온 고깃국을 먹으며
너나없이
이 맛있는 고기가 어디서 나왔느냐며
흐르는 땀 훔치는데
당신 얼굴에 스친 젖은 그림자를 보았다

그 여름날 이후
집 나간 황구는 아직 돌아오지 않는다
이따금 보고 싶다고 하면
사람들은 무조건 좋은 곳으로 갔다고만 한다

개들이 하늘로 갔던 길 삼호다리 밑,

그 위를 달리는 차 안, 내 기억은
그해 여름날에 한없이 멈춰 있다

그리움의 주제가 무언지 모르는
오늘 같은 날 가끔 있다

*삼호다리: 울산광역시 울주군에 있는 다리

― 「삼호다리」 전문

〈삼호다리〉는 사라진 존재를 향한 그리움과, 기억
속에 멈춰 선 상실의 정서를 담담하면서도 뼈아프게 그
린 작품이다. 시인은 반려견 황구의 부재를 통해 가족
의 공동 기억과 개인의 상처를 교차시키며, 다리라는
공간을 매개로 과거와 현재를 잇는다.

"우리집 귀족 루이를 태우고/삼호다리를 지날 때마
다/오래전 집 나간 황구가 차장에 비친다"라는 구절은
현재의 반려견 루이와 과거의 황구가 겹쳐지는 순간을
보여준다. 루이의 울음소리는 황구의 부재와 기억을 불
러내는 매개이며, 화자의 내면에선 여전히 황구는 '차
장에 비친 얼굴'로 살아 있다.

황구는 단순한 동물이 아니라 가족의 일원, 더 나아
가 수호자였다. "발소리만으로도 식구를 알아보고/험
한 밤길 앞장서던 길동무 황구"는 충직함과 헌신을 환
기시키며, 이어지는 "고깃국을 먹으며/너나없이 이 맛

있는 고기가 어디서 나왔느냐며"라는 장면은, 돌이킬 수 없는 상실의 기억을 은밀히 드러낸다. 그 고깃국의 기원이 무엇이었는지는 명시되지 않지만, 독자는 아픈 추측을 피할 수 없다. 황구의 부재와 고깃국의 기묘한 연결은 시 전체에 먹먹한 긴장을 형성한다.

후반부에서 시인은 "개들이 하늘로 갔던 길 삼호다리 밑"이라는 구절로 다리를 단순한 지리적 공간을 넘어선 상징으로 확장한다. 다리는 떠난 존재가 건너간 길이자, 화자가 여전히 발걸음을 멈추는 기억의 지점이다. 현재의 시간은 흐르지만, 화자의 내면은 "그해 여름날에 한없이 멈춰 있다."

〈삼호다리〉는 단순히 반려견의 그리움을 넘어, 부재와 상실이 인간의 삶을 어떻게 지배하는지를 보여준다. 다리는 이어짐의 장소이면서도 단절의 상징이 되고, 황구는 가족의 기억 속에 꺼내지 못한 아픔으로 남는다. 이 시는 독자로 하여금 그리움의 진짜 무게가 무엇인지 되묻게 한다.

김사헌 시인은 이렇게 삶을 겪어온 세월만큼이나 따뜻함의 서정으로 이어지면서, 그것을 작은 감정으로만 몰입하지 않고 점차 힘 있는 언어로 중무장시킨다.

다음 시 〈61번 버스〉는 일상의 풍경을 통해 인간 존재의 본질적 성찰을 끌어내는 작품이다. 평범한 시내버스를 배경으로 시간의 권태, 삶의 무게, 병과 상실, 그리고 여전히 남아있는 희망을 시적으로 직조한다.

오전 열 시,
쫓기는 걸음을 내려놓은 시침이 하품을 한다

천마산 허리를 돌아가는 61번 버스
승객은 물결이 두려운 이들이다
임산부석은 잃어버린 온기가 그립고
탁한 기침을 토하는 버스는 졸음 겹다

차가 멈춘 뒤에 내리라는 안내방송과
내리실 분은 미리 입구로 나오라는
서로의 등이 버팀목 되어주던
지난 체온을 불러낸다

미처 속도를 올리기도 전
바퀴를 붙잡는 정류소도 걸음이 늙었다
밤늦도록 소란하던 셋방들이 소문으로 남고
빈집 주인이 된 길고양이도 하품을 한다

고신의료원 앞 버스 정류소
남부민동 주춧돌이 흔들리는 걸음으로 내리고
병원에서 쏟아져 나온 날개들을 태운
버스가 해수기침을 토하며 멀어진다
천마산에 발목 잡힌 파랑새 서쪽 하늘 바라본다

　　　　　　　　　－「61번 버스」 전문

김사헌의 〈61번 버스〉는 도시의 흔한 풍경을 배경으로 삼아, 삶의 무게와 존재의 고단함을 은유적으로 풀어낸 작품이다. 시인은 단순한 이동 수단인 '버스'를 통해 시간, 세대, 병과 치유, 삶의 유한성까지 포괄하는 서정을 빚어낸다.

무심한 일상의 틈에서 문득 느껴지는 시간의 권태를 드러내는 "쫓기는 걸음을 내려놓은 시침이 하품을 한다"라는 구절에서, 시침의 '하품'은 단순한 의인화를 넘어 반복되는 일상에 지친 인간의 내면을 은밀히 비춘다. 버스라는 공간은 "승객은 물결이 두려운 이들"이라는 표현처럼, 각자의 불안과 피로를 싣고 나아가는 작은 사회다. 임산부석의 빈자리와 "탁한 기침"은 개인의 상실과 사회의 질병을 은유적으로 드러내며, 병원 앞 정류장으로 향하는 노선은 이러한 불안을 더욱 사실적으로 뒷받침한다.

흥미로운 것은 버스의 '정류'와 삶의 '멈춤'을 교차시키는 시인의 시선이다. "미처 속도를 올리기도 전 바퀴를 붙잡는 정류소도 걸음이 늙었다"라는 구절은 인생의 여정이 쉼 없이 이어지지만, 그 사이사이에 놓인 정지의 순간이 결국 시간의 노화를 드러낸다고 말한다. 나아가 "빈집 주인이 된 길고양이"는 공동체가 흘려보낸 자리를 대신 채우는 존재로서, 부재와 소멸을 상징한다.

마지막 연은 시 전체의 정서를 응축한다. 병원 앞 정류장은 삶과 죽음이 교차하는 경계이자, "날개들을 태운 버스"라는 은유가 보여주듯 인간의 운명이 잠시 머물다 떠나는 자리다. 결국 "천마산에 발목 잡힌 파랑새"는 자유와 희망을 동경하지만, 현실에 묶인 인간 존재의 자화상이다.

이 시는 버스라는 일상적 이미지 속에 시간의 유한성과 인간의 무력감을 담아내면서도, 동시에 '파랑새'라는 희망의 상징을 놓치지 않는다. 버스의 경로는 곧 삶의 여정이고, 정류장은 우리 모두가 거쳐 가는 필연적 통과점이다.

이제 김사헌 시인은 삶의 더 깊은 곳을 관여하기 시작한다.

함께 있으면서도 서로 다른 시선을 지닌 인간관계의 미묘한 간극을 섬세히 그린 시 〈마음의 거리〉는 그림자와 자연 이미지를 통해 부재와 아쉬움을 시각화하며, 가까이 있음에도 마음이 멀 수 있다는 사실을 삶과 존재의 성찰로 확장한다.

> 그림자가 사라졌다
> 밤이 깊어져도 비가 내려도
> 늘 곁을 지키던 그림자가
> 흔적을 지우고 사라졌다
>
> 숲을 보면 따라 보고

허공을 바라보면 덩달아 따라 보던,
세찬 비바람
험한 파도에도 흔들리지 않던,
세상 끝까지 한 몸
강물 흘러 바다가 되리라 믿었던 사람

달 밝은 구월 밤
귀뚜리 노래 따라 메아리마저 숨기고 사라졌다

숲에서 내가 나뭇잎 바라볼 때
그는 때아닌 금강송을 찾고 있었고
내가 강물을 바라볼 때
그는 물속 물고기를 찾고 있었다는 걸
떠난 후에야
눈길 닿는 곳 달랐다는 걸 알았다

함께하여서 더 가까워지는 기쁨보다
함께였는데 마음의 거리가 멀었던 아쉬움,
여운이 더 길다

                        ― 「마음의 거리」 전문

　〈마음의 거리〉는 곁에 있던 존재가 떠난 후, 관계 속
에서 비로소 드러나는 미묘한 간극을 섬세하게 그려낸
시다. 시인은 "그림자가 사라졌다/밤이 깊어져도 비가
내려도"라는 도입부에서, 평소에는 당연하게 느껴졌던
동행의 부재를 시각적, 감각적으로 포착한다. 그림자는

단순한 그림이 아니라 늘 곁을 지켜주던 존재의 상징으로 기능하며, 그 부재가 주는 공허와 허망을 극적으로 드러낸다.

시적 화자는 함께였던 시간 속에서 상대의 존재를 세밀히 관찰하며, 그때 미처 깨닫지 못한 서로 다른 시선과 마음의 흐름을 떠올린다. "숲에서 내가 나뭇잎 바라볼 때/그는 때아닌 금강송을 찾고 있었고/내가 강물을 바라볼 때/그는 물속 물고기를 찾고 있었다"라는 구절은, 육안으로는 함께 있어도 내적 경험과 관심사는 서로 다를 수 있음을 보여준다. 이 미묘한 차이가 관계의 '거리'를 형성하며, 떠난 뒤에야 비로소 그 간극이 드러난다는 사실을 김사헌 시인은 담담하게 그린다.

또한 시는 공간적, 자연적 이미지를 통해 감정의 깊이를 확장한다. 숲, 강물, 구월의 달밤, 귀뚜리 소리 등은 단순한 배경이 아니라 화자의 내면 상태와 연결되어, 상실과 아쉬움의 정서를 자연 속에서 다시 읽게 한다. 시인은 이러한 자연과의 조응 속에서 마음의 거리라는 내적 경험을 풍부한 이미지로 형상화한다.

시 결말부의 "함께하여서 더 가까워지는 기쁨보다/함께였는데 마음의 거리가 멀었던 아쉬움"은 그래서 "여운이 더 길" 수밖에 없는 것이다. 그것은 단순한 상실이 아니라 인간관계의 미묘함과 삶의 진실을 담아낸다. 가까이 있다는 것이 항상 마음의 일치를 의미하지 않음을, 시인은 조용히 그러나 분명하게 보여준다.

시가 가진 감정적 진폭과 존재론적 성찰을 모두 담아내는 장치라는 것을 앞선 작품들에서 증명한 시인은, 다음 시 〈사막에 모를 심다〉라는 작품에선 길고 험한 여정을 거쳐 사막 위에 작은 생명을 땅에 심는 행위를 중심으로, 인간 존재와 삶의 가능성에 대한 성찰을 묵직하게 담아내고 있다.

> 푸른 사슬을 끊고 떠나니
> 안개의 무게가 어깨에 내려앉는다
> 길은 젖고 강은 침묵한다
> 그림자가 덮은 이정표
> 첫걸음은 허기 속에 흔들린다
> 그 허기를 밝히는 빛, 하나
>
> 손짓하는 아라비아의 모래밭
> 불도저는 하늘을 가르고
> 나는 사과나무를 심는다
> 소금기 머금은 모가 뿌리를 내린다
>
> 모래바람은 강물이 되고
> 벼꽃은 세 번 피고 지고
> 사막엔 오아시스가 들어선다
> 마른 땅에 물길이 트이고
> 황금 들녘이 바람에 일렁인다
>
> 태백산 깊은 암자

등불 아래 저울추를 깎는다
구멍 난 누더기들이 바늘을 찾고
바람에 흔들리는 창가의 풍경처럼
추는 기울어 고요를 깨운다

낡은 집 기둥이 내 손을 잡고
빈 쌀항아리는 허기를 웅크린다
노을은 돌아보지 않고 저문다
손 놓은 저울 위엔 먼지만 쌓이고
나는 외딴섬에서 낚싯대를 던진다
밤하늘에 걸려드는 별빛
사막을 건너온 기억의 조각들
그 별들로 벼 이삭을 묶는다

내 안의 사막에
작은 오아시스 하나, 피어오른다

— 「사막에 모를 심다」 전문

김사헌 시인은 "푸른 사슬을 끊고 떠나니/안개의 무게가 어깨에 내려앉는다"라고 서두를 열며, 자유를 향한 첫걸음과 동시에 현실의 무게를 직면하는 순간을 포착한다. 길이 젖고 강이 침묵하는 풍경은 내적 허기와 불확실한 출발을 상징하며, 시적 화자의 내면을 공간적 이미지로 확장한다.

중심 이미지인 사막과 모는 생명과 고난, 가능성의

상징으로 기능한다. "손짓하는 아라비아의 모래밭/불도저는 하늘을 가르고/나는 사과나무를 심는다"는 구절에서 사막은 척박하고 가혹하지만, 그 안에 뿌리를 내릴 생명을 상상하게 한다. 시인은 단순히 물리적 사막을 그리는 것이 아니라, 내면의 모래밭에서 생명을 키워내는 인간의 의지와 창조적 상상력을 동시에 드러낸다. 모래바람이 강물이 되고, 벼꽃이 피고 지며 오아시스를 만들어 내는 장면은, 시간이 흐르며 역경 속에서도 희망이 싹트고 성취가 이루어지는 과정을 은유적으로 보여준다.

또한 시는 일상과 존재의 섬세한 기록을 통해 구체적 현실과 상징적 세계를 이어준다. "낡은 집 기둥이 내 손을 잡고/빈 쌀항아리는 허기를 웅크린다"는 구절에서는 개인적 기억과 삶의 자취를 포착하면서, 동시에 인간이 생존과 의미를 붙들고 있는 모습을 보여준다. 저울추, 누더기, 창가의 풍경 같은 사물과 풍경은 현실의 무게와 삶의 균형을 감각적으로 전달하며, 시적 화자가 사막과 오아시스 사이에서 경험하는 긴장과 성찰을 드러낸다.

결국, 시인은 내적 사막에서 작은 오아시스를 발견하는 장면으로 마무리하며 삶의 희망과 회복을 선언한다. "내 안의 사막에/작은 오아시스 하나, 피어오른다"는 마지막 구절은, 척박함과 허기 속에서도 인간 존재가 만들어낼 수 있는 가능성과 생명의 힘을 응축한다. 시적

공간과 시간, 자연과 내면의 세계가 조응하며 만들어
내는 밀도 높은 이미지 속에서, 독자는 삶을 견디고 꽃
피우는 존재의 의지를 읽게 된다. 〈사막에 모를 심다〉
는 내적 사막과 현실의 척박함 속에서도 생명을 심고
희망을 길어 올리는 인간의 의지를 그린 시이다. 사막
과 오아시스, 벼와 모래, 저울추와 누더기 등의 시적 이
미지가 삶과 존재에 대한 깊은 성찰로 확장되며, 마지
막 구절을 빌어 시인은 인간 존재의 회복과 가능성을
선언하는 것이다.

  시적 철학 안에서 몇 번을 거듭난 김사헌 시인은, 타
방면의 선구자들이 그랬듯이 이제 다시 평상의 삶이라
는 참된 나의 자리로 돌아와 진정한 평강을 얻는다. 그
러면서 일상의 소소한 경험을 통해 인간관계, 특히 부
부라는 삶의 결속을 깊이 성찰하게 만드는 〈스며든다
는 것〉이란 작품으로 또 하나의 삶을 이야기한다.

> 대관령에서 소금절인 배추가 왔다
> 고랭지 비탈밭 폭풍우도 이겨내고
> 땡볕살에도 푸릇푸릇 살아 있었을 배추가
> 먼 길에 지쳤는지 풀이 죽어있다, 아니
> 잎 겹겹이 소금 스며 차분히 살아있다
> 맛을 보니 참 맛있게 절여졌다
> 하지만
> 바다 소금 단 한 번 만난 적 없고

뭍 생물 단 한 번 만난 적 없었다
처음은 서로에게 얼마나 쓰렸을까, 갈증도 났을까
적절하게 뿌려지고 적절하게 버려지며
서로에게 스며들며 한 몸 되기까지 얼마나 어색했을까

부부의 인연으로 맺어지기 전까지
단 한 번 만난 적 없던 아내와 나
서로에게 스며들기 마흔 해 넘는 동안
얼마나 맛있게 절여졌을까
남들 보기 얼마큼 맛있게 익어 보일까

함께 고무장갑 벗어 씻으며 아내와 나
동시에 서로 눈맞춤으로 스며든다
동짓달 한밤처럼 올겨울 더 깊고 길면 좋겠다

－「스며든다는 것」 전문

　　김사헌 시인의 〈스며든다는 것〉은 일상의 사소한 풍
경에서 출발해 삶의 깊은 본질에 닿는 언어적 성찰을
보여주는 작품이다. 대관령 고랭지에서 내려온 배추는
단순한 채소가 아니라, 서로 다른 세계에 속한 존재들
이 만나 어긋남과 불화를 겪으면서도 결국 하나의 맛으
로 어우러지는 과정을 비유하는 매개체가 된다.
　　시인은 배추가 소금에 절여지는 과정을 세심하게 관
찰한다. 시의 첫머리에서 대관령 배추가 소금에 절여지
는 과정은 단순한 조리법이 아니라, 타자와 만나고 서

로에게 스며드는 과정으로 확장된다. "소금절인 배추"라는 이미지는 겉으로는 풀이 죽은 듯 보이지만, 실은 소금에 의해 새로운 맛과 생명을 얻게 된 상태다.

이는 인간관계 역시 마찰과 낯섦을 겪으며 점차 새로운 결속으로 변해간다는 사실을 은유한다.

시인은 "바다 소금 단 한 번 만난 적 없고/뭍 생물 단 한 번 만난 적 없었다"라는 구절로, 서로에게 완전히 낯선 존재들이 만나 하나가 되는 과정을 강조한다. 이때 "서로에게 얼마나 쓰렸을까, 갈증도 났을까"라는 물음은 관계의 시작이 얼마나 어색하고 때로는 불편함과 상처로 고통스러울 수 있는지를 보여준다. 하지만 그 과정을 거쳐 "적절하게 뿌려지고, 적절하게 버려지며" 새로운 조화를 이루는 모습은 성숙한 관계의 본질을 드러낸다.

낯선 만남은 때론 고통을 동반하지만, 그 과정을 통과해야만 관계의 진정한 깊이가 가능하다는 사실을 시인은 배추와 소금의 비유로 드러낸다.

이 비유는 곧바로 시인의 삶, 부부의 여정으로 이어진다. "부부의 인연으로 맺어지기 전까지/단 한 번 만난 적 없던 아내와 나"라는 고백은 일상적 경험을 언어로 옮기되, 단순한 회상이 아니라 관계의 본질을 묻는 성찰로 나아간다. 마흔 해라는 긴 세월을 함께 살아낸 부부의 삶은 "얼마나 맛있게 절여졌을까"라는 질문 속에서 맛과 숙성이라는 상징적 언어로 환원된다. 이는 단순히 시간의 축적이 아니라, 그 시간 속에서 서로에게 스며들며 하나의 맛을 빚어낸 과정의 기록이다.

마지막 장면은 인상적이다. "함께 고무장갑 벗어 씻으며 아내와 나/동시에 서로 눈맞춤으로 스며든다"라는 구절은, 위대한 이론이나 거대한 비유가 아닌 생활의 소박한 장면에서 관계의 진실을 포착한다. 그것은 거창한 선언이 아니라, 매일의 삶 속에서 이뤄지는 '스며듦'의 순간이다. 일상의 소박한 순간에 깃든 사랑의 절정은 삶의 본질적 기쁨이 대단한 사건이 아니라 함께하는 작은 순간 속에 있다는 깨달음을 전한다.

"동짓달 한밤처럼 올겨울 더 깊고 길면 좋겠다"라는 맺음은, 시인이 삶에서 바라는 바가 단순한 지속이 아니라 더욱 깊어지고 숙성되는 친밀함임을 드러낸다.

〈스며든다는 것〉은 결국 '관계의 본질은 스며듦'이라는 사실을 일깨운다. 소금과 배추가 만나 하나의 맛으로 무르익듯, 인간관계 또한 낯섦과 상처, 어색함을 넘어설 때 비로소 서로에게 스며들며 진정한 의미를 얻는다. 김사헌 시인의 담백한 언어는 삶의 근원적 진리를 일상 속 비유로 끌어내며, 독자에게도 자기 관계의 '숙성'을 돌아보게 한다.

김사헌 시인의 시적 사유의 시작과 도착점을 이어주는 기억의 언어들에서 어느 순간 '노을'이라는 마침표 같은 단어가 보이기 시작한다. 하지만, 그것은 '아름다운 선택'을 위한 친숙의 표현이라는 것을 다음 시 〈황혼시선〉에서 확인할 수 있다.

그것이 단지 눈 앞을 가리는 휘장일지라도
요긴한 울타리였던 무엇들이 가끔
나를 가둘 때가 있다

노을 품은 구름이 가시로 돋는 그림
내겐 상상에도 없던 일
노을은 늘 아름답지 않은 적 없었지만
지금 내 앞 저 붉은 노을구름이 찬란하지만 않다

갈림길에선 어느 방향으로든 선택은 운명이지만
흔적 없는 길을 동경하면서도
늘 익숙한 길로 들어섰던 건 나의 선택이었다

산을 넘기 바로 전 저기
붉은 구름 노을에 대한 기억과
평온의 잔잔한 밤의 기대 중
어떤 아름다운 선택을 해야 하나
지금
상상에도 없던 갈림길에 나는 서 있는 것이다

산새 더불어 숲속
청노루로 살고 싶은 건 변하지 않는 나의 소망,
하지만

건조한 회색 거리가 더 익숙하여
이제 막 들어선 황혼의 초입은 너무 낯설다

길거리 노점상 잘 익은 다래들
늘 소망이었던 숲속 향수처럼 소복소복 쌓아 올려져 있는,
이제는 친숙해질 것 같은 붉은 저녁

　　　　　　　－「황혼시선」 전문

　〈황혼 시선〉은 삶의 한 지점, 특히 노년의 초입에서 마주하는 내면의 풍경을 섬세하게 포착한 시다. 시인은 '노을'이라는 상징을 통해 눈부심과 동시에 쓸쓸함이 공존하는 황혼의 세계를 그린다. 노을은 늘 아름답고 찬란했지만, 어느 순간 그것이 가시로 돋는 듯 다가온다는 고백은, 나이를 거듭하며 화려한 빛마저 상처의 실루엣으로 보이는 인간 존재의 조건을 잘 드러낸다.

　특히 이 시에서 중요한 대목은 "갈림길"의 이미지다. 흔적 없는 길을 동경하면서도 익숙한 길을 택했던 과거의 선택이, 결국 지금의 삶을 이끌어왔다. 황혼은 그 선택의 결과가 집약된 시기이자, 여전히 다른 선택을 요구하는 새로운 갈림길의 자리로 그려진다. 즉, 이 시는 '황혼'이라는 시간을 단순한 퇴색이나 소멸의 시간이 아니라, 또 다른 선택의 문턱으로 해석한다.

　김사헌 시인은 여전히 숲속 청노루처럼 자연과 더불어 살고 싶은 순수한 바람을 품고 있지만, 몸에 익은 회

색 도시의 습관은 쉽게 벗겨지지 않는다. 바로 이 이질감과 낯섦이 황혼의 본질적 정조다. 그러나 시의 마지막에 이르면, 길거리 노점상에 소복이 쌓인 다래가 다시금 숲의 향수를 불러내며 "이제는 친숙해질 것 같은 붉은 저녁"으로 수렴된다. 이는 황혼이 단순히 잃어버린 세계가 아니라, 새로운 친숙함을 만들어 갈 수 있는 시간임을 암시한다.

〈황혼 시선〉은 그래서 단순한 회한의 노래가 아니라, 삶의 황혼에서도 여전히 선택과 친숙함, 그리고 새로운 눈길을 발견할 수 있다는 조용한 희망의 시선을 품고 있다.

결론적으로 황혼은 단순히 저무는 시간이 아니라, 여전히 새로운 선택과 친숙함을 만들어 가는 또 하나의 시작임을 이야기한다.

정리하자면 김사헌 시인의 시는 결국 기억의 언어다. 가난했던 유년, 두려웠던 아버지, 애틋한 어머니, 그리고 바다와 같은 고향의 풍경. 그 모든 기억은 상처였으나, 그의 언어 속에서 꽃이 되고 바다가 된다.

그의 시는 화려하지 않다. 그러나 담백하고 따뜻하다. 그것은 삶을 직접 겪고 온 사람만이 가질 수 있는 언어의 힘이다. 더불어 그의 시는 결코 추상적이지 않다. 발과 손, 몸과 땀에서 길어낸 구체적 언어이기에 독자에게 쉽게 다가온다. 삶에 대한 시인의 철학을 응축한다. 독자는 그의 시를 통해 자기 삶의 상처와 그리움을 다시 떠올리게 되고, 그 속에서 작은 위안을 발견한다. 그것이 바로 김사헌 시가 지닌 가장 큰 가치다.

김사헌은 상처를 외면하지 않고, 그 상처를 언어로 꽃피우는 시인이다. 바다의 깊이처럼, 그의 시는 아프면서도 넉넉하고, 슬프면서도 따뜻하다. 그래서 우리는 그의 시 앞에서 자신의 기억과 삶을 다시 바라보는 길을 얻게 된다.